우 리 집
가정예배
입 문 서

맛 있 는
가정예배

우리집
가정예배
입문서

맛있는 가정예배

기독교학교교육연구소 기획
도혜연, 이지혜, 김봉수 지음

쉼이있는교육

서문

나에게 가정예배는 마음의 고향이다. 어린 시절 온 가족이 함께 모여 드리던 가정예배를 떠올리면 마음이 따뜻해진다. 지금도 내 귓가에 들려오는 아버지의 음성이 있다. "자, 이제 우리 예배드리자."

매일 저녁에 드려진 가정예배를 통해 여호와 경외를 배웠고, 가족이 서로 사랑하는 법을 배웠다. 무엇보다 가정예배는 삶의 정체성을 배우는 시간이다. 내가 누군지, 어디로부터 와서 어디로 가는지, 내 삶의 목적은 무엇인지, 가정예배는 이런 질문들의 답을 얻는 시간이다. 그런 의미에서 가정예배는 국어, 영어, 수학, 과학, 사회, 예체능, 그 어떤 과목보다 중요한 시간이다.

나는 전 세계 기독교인의 가정을 두 종류의 가정으로 나눌 수 있다고 생각한다. 가정예배를 드리는 가정과 가정예배를 드리지 않는 가정으로 말이다. 가정예배를 드리는 가정은 하늘과 파이프가 연결된 가정이다. 가정예배를 통해 하나님과의 소통이 이루어진다. 찬송과 기도가 올라가고 말씀과 은혜가 내려온다. 하나님과의 사귐 속에서 가족 간의 사귐도 깊어진다.

이렇듯 귀한 가정예배지만 실제로 가정예배를 드리는 교인은 한국교회 전체 성도의 5%가 되지 않는다. 왜 그럴까? 가정예배가 중요한 것은 알지만 우선순위에 두지 않기 때문이며, 가정예배를 부담스럽게 생각하기 때문이다.

가정예배는 필수적이면서도 즐거운 시간이 되어야 한다. 매일 밥을 먹어야 하듯이 영의 양식인 가정예배를 드려야 하는데, 맛있는 음식같이 기다려진다면 얼마나 좋겠는가?

이 책은 바로 가정예배를 음식이라 생각하고 맛있는 가정예배를 드릴 수 있도록 돕기 위해 썼다. 누구나 손쉽게 가정예배라는 음식을 할 수 있는 레시피를 제공하고 있다.

자, 이제 가정예배를 시작해 보자. 부담감을 내려놓고 이 책의 안내를 따라 하나씩 실천해 보자. 그래서 우리 가정도 가정예배를 드리는 가정이 되도록 하자. 『맛있는 가정예배』를 통해 온 가정이 은혜를 경험하고, 다음세대가 하나님의 사람으로 세워질 수 있기를 소망한다.

기독교학교교육연구소

소장 박상진

목 차

서문 / 05

맛있는 가정예배 가이드 / 09

첫 번째 걸음 하나님의 식탁으로 초대합니다 / 15

두 번째 걸음 함께 둘러앉아서 / 29

세 번째 걸음 언제, 어디에서 먹을까 / 43

네 번째 걸음 가정예배 레시피 만들기 / 57

다섯 번째 걸음 끝나지 않은 맛있는 가정예배 / 75

가정예배 관련 참고 도서 및 자료 / 88

부록 1. 맛있는 가정예배 꿈꾸기 / 90

부록 2. 감사 제목을 나누는 맛있는 가정예배 / 91

부록 3. 맛있는 가정예배 시간과 공간 정하기 / 92

부록 4. 맛있는 가정예배 카드 / 93

부록 5. 맛있는 가정예배 레시피 / 94

『맛있는 가정예배』는 총 다섯 차례의 나눔을 통하여 각 가정의 문화와 상황에 맞게 가정예배를 디자인하도록 돕습니다. 그러나 우리 가정에 적합한 가정예배의 모습은 한 번에 찾을 수 있는 것이 아닙니다.

여러 번의 가정예배, 다양한 형식의 가정예배를 드리는 시도, 그리고 피드백과 재설계 후 가정예배를 드리는 과정을 반복하면서 찾을 수 있습니다.

그렇게 우리 가정에 적합한 가정예배의 형식을 찾았다면, 그 다음에는 지속하는 것이 중요합니다. 분주하고 어색한 상황들을 극복하고 가정예배를 꾸준히 지속하기 위해서는 서로를 지지해줄 공동체, 피드백을 나눌 공동체가 필요합니다. 서로를 격려하고 어려움을 나누는 공동체 모임을 통하여 가정예배의 근력이 키워집니다.

따라서 『맛있는 가정예배』는 다음을 목표로 합니다.

1) 각 가정에 맞는 가정예배를 디자인한다.
2) 다섯 번의 모임을 통하여 가정예배에 관한 피드백을 나누고, 재설계를 돕는다.
3) 가정예배를 드리는 공동체를 형성하여 가정예배를 지속하도록 돕는다.

가정예배를 시작하고 싶은 생각은 있으나 어디서부터 어떻게 시작해야 할지 막막한 가정, 가정예배를 우리 가정에 알맞게 디자인하고 싶은 가정, 가정예배를 지속하고 싶은 가정들은 『맛있는 가정예배』를 개별적으로 교회 소모임용이나 교육용으로 사용할 수 있습니다.

가정예배 교육을 위해 사용하실 경우, 각 과의 흐름을 미리 알아 두면 도움이 됩니다.

『맛있는 가정예배』를 교재로 하여 교육을 진행할 경우, 플립러닝(flipped learning) 방식을 권합니다. 플립러닝이란 '수업 시간 전에 교수자가 제공한 온라인 영상 등의 각종 자료들을 학생들이 미리 학습하고, 강의실에서는 과제물이나 토론 등이 이루어지는 블렌디드 러닝의 한 형태[1]'입니다. 따라서 각 과의 주제 이야기를 미리 읽어온 후 모여서 함께 삶을 성찰하고, 가정예배에 관

1. 네이버 [두산백과] 참고

련한 워크숍을 하면서 각 가정이 스스로 가정예배를 기획하도록 하는 것이 좋습니다.

<table>
<tr><td>각 과의 글</td><td>개인이
가정에서</td><td>• 미리 읽어 오는 과제입니다.
각 주제에 대한 성경 이야기들을 배웁니다. 함께 모여 워크숍을 진행하기에 앞서 참석자들이 먼저 각 주제에 대한 성경 이야기를 읽고 묵상합니다. 성경 말씀에 따라 가정예배에 관한 생각을 정리하도록 돕습니다.</td></tr>
<tr><td>주님 앞에서</td><td rowspan="2">함께 모여
공동체에서</td><td>• 가정에서 미리 작성해 온 후, 함께 나눕니다.
1) 각 과의 중심단어 세 가지를 뽑습니다.
2, 3) 말씀을 심도 깊게 바라볼 수 있도록 합니다.</td></tr>
<tr><td>우리 삶 앞에서</td><td>• 함께 모여 워크숍을 진행합니다.
가정예배에 대한 우리의 생각을 정리하고 재정립하는 시간입니다. 각 주제에 대한 워크숍으로 자신과 서로의 생각을 나누는 시간을 가집니다.</td></tr>
<tr><td>자녀 앞에서</td><td>자녀와
가정에서</td><td>• 가정에서 자녀와 함께 하는 과제입니다.
가정으로 돌아가 자녀와 함께 가정예배를 이야기 해보는 시간입니다. 자녀와 나눈 이야기를 바탕으로 가정에서 매주 온가족이 함께 가정예배를 디자인합니다.</td></tr>
</table>

『맛있는 가정예배』 뒤에는 가정예배를 도와줄 다양한 참고도서와 자료에 대한 정보가 있습니다. 가정예배에 대한 다양한 도서를 통해 가정예배의 중요성을 알 수 있습니다. 가정예배를 디자인한 후에 교리나 이야기 성경, 그림책 등을 참고하여 가정예배를 드릴 수 있습니다. 또한 가정예배 카드 등을 활용하면, 더 쉽게 가정예배를 디자인하고 드릴 수 있습니다.

『맛있는 가정예배』는 다섯 번의 워크숍이 있습니다.
별지의 〈우리 집 맛있는 가정예배 한눈에 보기〉에 매주의 워크숍 자료를 붙이면 가정예배 디자인을 한눈에 볼 수 있습니다. 아래의 설명된 부록의 자료들은 QR코드 스캔 후 사용하면 더욱 좋습니다.

부록 1 "맛있는 가정예배 꿈꾸기"

가정예배를 통해 변화될 모습을 기록하는 워크숍입니다. 가정예배를 기대하는 시간을 가집니다.

부록 2 "감사 제목을 나누는 맛있는 가정예배"

맛있는 가정예배를 본격적으로 시작하기 전에 가족이 모이는 연습을 하기 위한 워크숍입니다. 가족이 모여서 감사 제목을 나누고 기록하며, 함께 기도합니다.

부록 3 "맛있는 가정예배 시간과 공간 정하기"

함께 가정예배를 드리기 위해 멈추어야 할 시간과 하나님을 기억하는 공간을 정하는 워크숍입니다. 카드에 기록하고 게시하여 가족 구성원 모두가 공유합니다.

부록 4 “맛있는 가정예배 카드”

가정예배의 기본요소 중 ‘말씀, 기도, 찬송’의 다양한 방법을 교재에서 읽고, 각 가정에 맞는 방법을 찾아 기록합니다. 우리 가정만의 특별한 예배 예전을 넣고 싶은 것이 있다면, 특별소스 카드에 기록하여 게시합니다. 순서를 잘 조합하면 가정예배가 디자인 될 것입니다.

부록 5 “맛있는 가정예배 레시피”

네 번째 걸음에서 계획한 순서로 맛있는 가정예배를 드려 보고, 피드백하며 다시 한 번 가정에 맞는 가정예배를 디자인하여 기록합니다.

첫 번 째

걸 음

하나님의 식탁으로 초대합니다

맛있는 가정예배의 첫걸음을 내디딘 여러분을 환영합니다.

여러분은 맛있는 음식을 먹을 때 가장 먼저 어떤 생각이 드나요? '다음에 우리 아이들과, 다음에 우리 부모님과, 사랑하는 사람과 함께 이곳에 오면 좋겠다'라고 떠올리지는 않나요? 오늘 우리 앞에 맛있는 가정예배가 한 상 차려져 있습니다. 이 음식을 차린 분께서 우리를 그 자리로 초대해주십니다. 또한 식탁에 함께할 사람을 초대하라 말씀하십니다. '맛있는 가정예배'를 세우는 다섯 걸음 동안 우리 가정을 예배의 식탁에 초대하신 주님의 손을 잡고 기쁨을 누려보길 소망합니다.

돌고 도는 걸음들

우리는 가정예배가 중요하다는 말을 많이 들어왔고, 또 가정예배를 드려야겠다는 다짐도 제법 해왔습니다. 그러나 막상 가정예배를 시작하려하면 주춤하고는 합니다. 왜 우리는 반복적으로 가정예배를 시도하다 멈추는 걸까요? 아니면 왜 시도조차 못하는 걸까요?

"정해진 형식에 맞춰서 예배를 드리는 게 힘들어요."

"막상 자녀 앞에서 설교하고 기도하려니 어색해요."

"저도 성경을 모르는데 자녀들에게 가르쳐줘야 하니 부담스러워요."

"바쁜 가족들이 모두 모일 시간을 맞추기가 쉽지 않아요."

"갑자기 진지하고 경건하게 가정예배 드리자고 하려니 민망해요."

우리 안에 가정예배에 대한 여러 가지 오해와 환상이 존재하는 것 같습니다. 가정예배 형식에 대한 오해, 부모로서 가지는 부담감, 온 가족이 모이기 힘든 현실, 어색함과 민망함 등 우리가 '가정예배'라는 단어 앞에 직면하는 어려움이 참 많습니다. 그런데도 우리를 식탁에 초대하신 주님의 뜻은 무엇일까요? 우리는 왜 가정예배를 드려야 할까요?

하나님을 가까이하는 삶

이스라엘아 들으라 우리 하나님 여호와는 오직 유일한 여호와이시니 너는 마음을 다하고 뜻을 다하고 힘을 다하여 네 하나님 여호와를 사랑하라 오늘 내가 네게 명하는 이 말씀을 너는 마음에 새기고 네 자녀에게 부지런히 가르치며 집에 앉았을 때에든지 길을 갈 때에든지 누워 있을 때에든지 일어날 때에든지 이 말씀을 강론할 것이며 너는 또 그것을 네 손목에 매어 기호를 삼으며 네 미간에 붙여 표로 삼고 또 네 집 문설주와 바깥 문에 기록할지니라

신 6:4-9

우리가 익히 들어 알고 있는 '쉐마' 말씀입니다. 하나님께서는 우리를 향하여 유일하신 여호와를 온 마음과 뜻과 힘을 다해 사랑하라고 말씀하십니다. 그리고 "이 말씀을 너는 마음에 새기고"라고 기록하고 있습니다. 영어성경(NIV)은 이를 "to be on your hearts"로 번역하고 있습니다. 곧 하나님의 말씀을 마음, 중심 위에 두라는 것입니다.

가정예배는 하나님의 말씀을 우리 삶 위에 두고 살아가는 과정입니다. 말씀을 삶 중심에 두고 우리의 일상을 마주하면 어떤 일이 일어날까요? 소소한 감정, 매 순간 부딪치는 고민들과 아파하는 문제, 넘치는 기쁨 가운데 주인 되신 하나님을 발견할 수 있습니다. 시편 기자는 이런 삶에 대해 "하나님께 가까이함이 내게 복이라"(시 73:28)라고 말합니다. 무엇보다 가정예배를 통해 삶 위에 말씀을 두고 사는 것, 곧 하나님을 가까이하는 삶을 사는 것, 이것 자체가 다른 어떤 유익들보다 좋으며 그 삶이 은혜입니다.

가정예배는 부모이기 전에 그리스도인인 우리가 그리스도인

으로서 삶 위에 말씀을 두고 하나님과 친해지는 첫걸음입니다.

신앙의 언어로 만나는 가정

가정예배를 드리려면 먼저 말씀에 귀 기울이는 시간과 공간을 마련해야 합니다. 이것은 다만 물리적 시간과 공간만을 의미하지 않습니다. 부모의 삶에서 하나님이 임재하실 수 있는 여백을 두는 것입니다. 이 여백은 하늘과 땅이 만나는 자리이며, 하나님과 내 삶이 마주하는 자리입니다.

> 여호수아가 요단에서 가져온 그 열두 돌을 길갈에 세우고 이스라엘 자손들에게 말하여 이르되 후일에 너희의 자손들이 그들의 아버지에게 묻기를 이 돌들은 무슨 뜻이니이까 하거든 너희는 너희의 자손들에게 알게 하여 이르기를 이스라엘이 마른 땅을 밟고 이 요단을 건넜음이라 너희의 하나님 여호와께서 요단 물을 너희 앞에서 마르게 하사 너희를 건너게 하신 것이 너희의 하나님 여호와께서 우리 앞에 홍해를 말리시고 우리를 건너게 하심과 같았나니 이는 땅의 모든 백성에게 여호와의 손이 강하신 것을 알게 하며 너희가 너희의 하나님 여호와를 항상 경외하게 하려 하심이라 하라
>
> 수 4:20-24

이스라엘 사람들은 요단 강에 열두 돌을 세우며 하나님의 은

혜와 구원의 역사를 기억했습니다. 열두 돌을 볼 때마다 감격하고 감사했습니다. 그리고 다시금 자신들의 삶의 중심에 하나님을 두기로 결단했습니다. 그런 부모의 모습을 본 자녀들이 물었습니다. “아버지, 어머니, 도대체 이 돌은 무엇인가요?” 그때 부모는 비로소 신앙의 언어로 자녀에게 하늘과 땅이 만난 이야기, 하나님과 부모의 삶이 마주한 이야기를 풀어놓았습니다.

우리도 마찬가지입니다. 우리가 하나님 말씀 위에 삶을 두고 살아갈 때, 이런 부모를 보고 우리 자녀들도 똑같이 묻겠지요. 그 질문에 답을 하기 위해 신학적 소견과 성경에 통달하지 않아도 됩니다. 그저 우리가 말씀 위에 두었던 삶 이야기를 들려주면 됩니다.

> 너희 자녀들아 와서 내 말을 들으라 내가 여호와를 경외하는 법을 너희에게 가르치리로다
>
> 시 34:11

부모는 자녀와 함께 둘러앉아 여호와를 경외하는 법, 곧 삶 중심에 말씀을 두고 사는 법을 가르쳐야 합니다. 삶의 가장 중요하고도 놀라운 원칙을 배우는 이 일에는 긴 여행을 가거나 큰돈을 쓰지 않아도 됩니다. 가정예배로도 충분합니다. 가정예배는 부모와 자녀가 신앙의 언어로 마주할 수 있는 시간입니다.

이렇게 가정예배로 마주 앉은 자녀는 부모가 만난 하나님을 보고 자신 또한 삶 중심에 말씀을 두는 법을 배웁니다. 자녀에게

말씀을 암송하게 하고 성경을 공부시키고 교리를 가르치고 주일을 성수하게 하는 교육도 물론 중요합니다. 그러나 가정에서 할 수 있는 가장 큰 교육은 가정예배를 통해 부모가 삶에서 만난 하나님의 이야기를 들려주고 자녀도 자신의 삶에서 하나님과 어떻게 살아가야 하는지를 알도록 하는 것입니다. 신앙의 대 잇기가 이루어지는 순간입니다. 이것이 가정예배를 드려야 하는 첫 번째 이유입니다.

아브라함의 하나님, 이삭의 하나님, 그리고 나의 하나님

> 또 본즉 여호와께서 그 위에 서서 이르시되 나는 여호와니 너의 조부 아브라함의 하나님이요 이삭의 하나님이라 네가 누워 있는 땅을 내가 너와 네 자손에게 주리니
>
> 창 28:13

믿음의 조상 아브라함은 자신의 삶에서 늘 제단을 쌓았습니다. 그런 삶을 본 이삭 또한 삶의 자리에서 제단을 쌓는 것을 잊지 않습니다. 말씀 위에 삶을 두는 법을 아버지 아브라함을 통해 배운 것입니다.

위의 말씀은 야곱에게 약속하신 하나님의 말씀입니다. 말씀은 '아브라함의 하나님, 이삭의 하나님…'이라고 시작합니다. 아브라함에서 이어져온 하나님의 약속은 신실하게 아브라함의 자녀

이삭과 이삭의 자녀에게 이어집니다. 우리 가정에 주신 하나님의 약속도 동일합니다. 부모인 우리가 삶에서 마주한 은혜가 자녀에게로 이어집니다.

가정예배를 드려야 하는 두 번째 이유는 우리 가정에 신실하게 내려오는 하나님의 은혜와 약속을 깨닫기 위해서입니다. 그 약속은 어떻게 깨달을 수 있을까요? 삶 중심에 말씀을 두는 부모, 그 모습을 본 자녀, 이들이 서로의 삶을 신앙의 언어로 표현할 때 가능합니다. 가정예배를 통해서 부모의 하나님이 자녀의 하나님으로 고백될 것입니다.

가정예배를 드릴 때 거창한 형식으로 드리지 않아도 됩니다. 부모가 성경을 잘 몰라도 충분히 예배를 드릴 수 있습니다. 가족이 전부 다 모이지 못해도 좋습니다. 예배를 드리다가 샛길로 빠져도 괜찮습니다. 가정예배에서 가장 중요한 것은 '삶의 중심에 말씀을 두는 가정'을 연습하는 것이니까요. 부모가 삶 속에서 마주하는 하나님을 이야기하고 자녀도 자신의 삶을 나누며 마주 잡은 기도의 손 위에 하나님이 임재하십니다.

하나님께서 하늘과 땅이 만나는 그 식탁의 자리에 우리를 초대하십니다. 그 초대에 용기있게 응답하며 한두 번 드리다가 실패해도 낙망하지 말고 다시 마음을 먹고 시작해보면 어떨까요? 한 걸음씩 내딛다보면 어느 순간 우리 가정 안에 주인되신 하나님을 고백하는 순간이 올 것입니다.

주님 앞에서

1. '하나님의 식탁으로 초대합니다'를 읽으며 중심이 되는 단어를 세 가지 써보세요. 그리고 새롭게 깨달은 점이 있다면 나눠보세요.

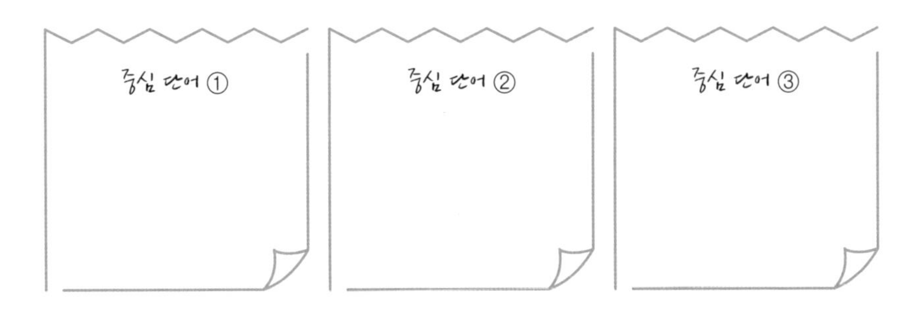

2. 신명기 6장 6절에 "이 말씀을 너는 마음에 새기고"라고 기록되어 있습니다. 부모가 새겨야 할 말씀은 무엇인가요?

3. 아브라함이 이삭에게 보여준 삶은 어떤 삶이며, 그것은 이삭과 야곱에게 어떤 영향을 주었을까요? 그리스도인 부모로서 나는 지금 자녀에게 어떤 모습을 보여주고 있나요?

우리 삶 앞에서

1. 가정예배를 시작하기 전 '왜 가정예배를 드려야 하는지' 각자의 생각을 정리해보세요.

※ 준비물 : 포스트잇(메모지), 매직펜

1) 포스트잇에 '가정예배를 드려야 하는 이유'를 간단히 써보세요.(예. 함께하려고, 기억, 은혜 나눔, 신앙의 대 잇기 등)
2) 포스트잇 한 장당 이유를 하나씩 써주세요.
3) 쓰기를 마치면 각자 적은 것을 벽 또는 칠판에 붙이세요. 다른 사람들이 붙인 의견을 보고 비슷한 의견 아래 붙여 분류(grouping)해보세요.

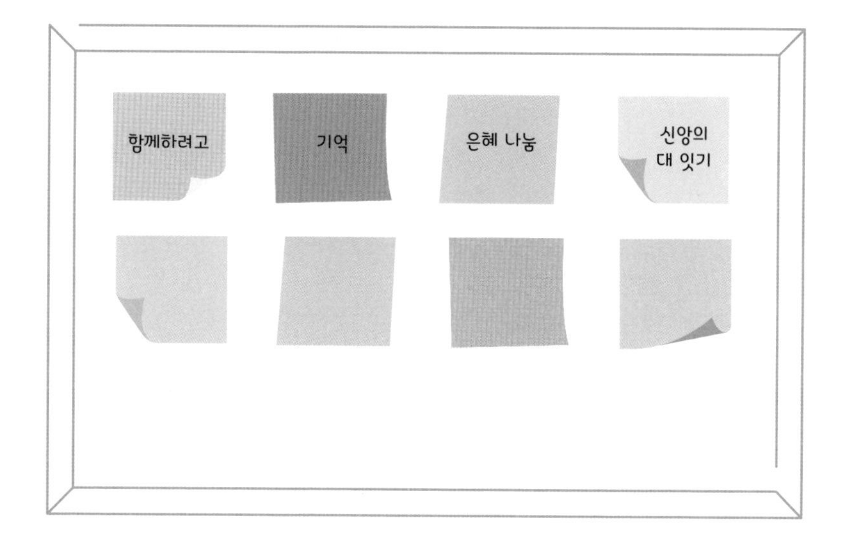

2. 벽(칠판)에 붙은 단어들을 보면서 가정예배를 드려야 하는 이유를 아래에 종합하고 정리해서 아래에 기록해보세요.

자녀 앞에서

1. 자녀와 함께 아래의 질문들을 가지고 가정예배를 왜 드려야 하는지를 이야기해보세요.

"주일에 예배를 드렸는데, 우리 집에서도 꼭 가족이 함께 예배를 드려야 할까?"

"왜 드려야 한다고 생각하니? 왜 드리지 않아도 된다고 생각하니?"

"아빠, 엄마의 이야기를 들어보렴."(첫 번째 걸음을 통해 부모가 느낀 점을 이야기해주세요.)

"이제 왜 우리 가족이 가정예배를 드려야 한다고 생각하는지를 함께 적어보자."

잠깐!

하나. 자녀와 이야기를 나눌 때 부모 자신 안에서 미리 답을 내리지 마세요.
둘. 자녀의 존재를 존중하고 아이의 말에 최선을 다해 경청해주세요.
셋. 영유아 자녀의 경우는 부모가 함께 가정예배를 드리기로 했다고 선포하는 것만으로도 의미가 있으나, 초등 고학년 이후에는 자녀도 함께 가정예배를 드릴 것인지에 대해 의견을 묻고 들어주세요.
넷. 혹시 자녀의 마음이 아직 열리지 않았다면, 먼저 부모가 홀로 또는 부부가 함께 가정예배 드리기를 권유합니다. 자녀가 어느 순간 질문을 던질 때를 인내하고 기다리며, 가정예배를 시작해보세요.

2. 가정예배를 드린다면 우리 가정에 어떤 변화가 생길까요? 자녀와 함께 이야기를 나누고 아래에 써보세요.

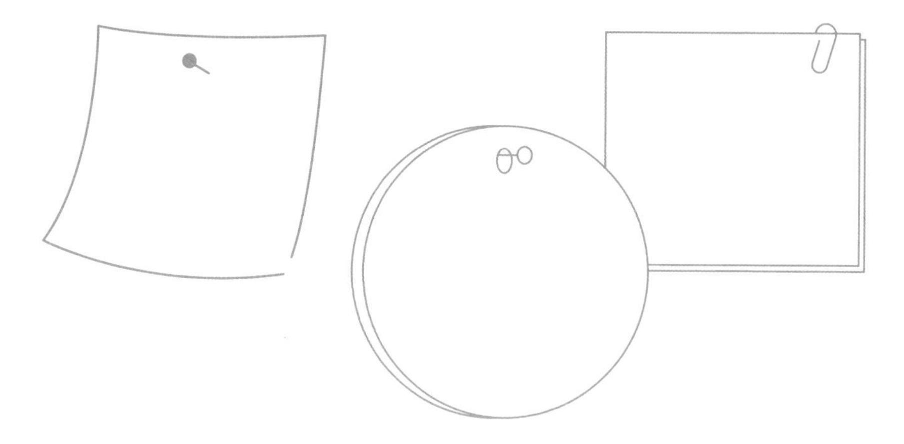

3. 자녀와 나눈 이야기를 바탕으로 우리 가정만의 문패를 만들어보세요. 완성된 문패를 잘 보이는 곳에 붙여주세요.

※ 준비물: 부록1, 매직펜(또는 사인펜), 가족사진, 풀, 자석

1) 가족사진을 붙이고, 2번에 이야기 나누었던 가정의 변화들을 부록 1에 적어보세요.
2) 별지 〈우리 집 맛있는 가정예배 한 눈에 보기〉에 붙여주세요. 가정예배를 드리는 공간에서 잘 보이는 곳에 게시하면 더욱 좋습니다.

두 번 째
걸 음

함께 둘러앉아서

온 가족이 함께 모여 먹은 식사를 기억하나요? 언제, 어디에서, 무슨 음식을 먹었는지 생각이 나나요? 우리의 삶이 너무 바빠서 온 가족이 함께 여유롭게 밥 한 끼 먹는 것조차 이제 일상이 아닌 숙제가 되어버린 것 같습니다. 그러다보니 사서 먹는 밥이 더 많아지고 '집밥'은 그리움, 따뜻함, 수고로움의 대명사가 되었습니다.

그런데 화려하지 않아도 건강한 그리고 맛있게 먹을 수 있는 우리 집 식탁, 집밥이 혹시 엄마만의 수고와 준비로 이루어지고 있진 않나요? 이제는 식사 준비를 엄마의 몫으로만 돌리지 말고 가족이 함께 즐겁게 식탁을 준비하고 마련해보는 것은 어떨까요? 우리 집 식탁을 함께 준비하듯이 가정예배를 준비하고 세워가는 과정 또한 가족 한 사람의 생각·결정·통보가 아닌 가족이 함께 만들어가고자 합니다.

가정예배: 잠시 멈추는 시간

우리 가족은 각자의 자리에서 '하루'라는 삶을 살아갑니다. 삶을 살아가는 자리는 다르지만, 모두가 각자의 삶 속에서 고단한 하루를 살아냈을 것입니다. 그렇게 지친 하루를 보내고 '쉬고 싶다'라는 마음으로 집에 돌아온 가족들에게 갑자기 '가정예배'를 드리자고 말하면 몸과 마음의 준비가 안 된 가족들은 당황하거나 예배드리기를 꺼릴 수도 있습니다. 가정예배가 주는 막연한 부담감, 무게감 때문일 것입니다. 아무래도 예배라고 하면 왠지 엄숙하고 경건하게 그리고 경직되고 불편한 자세로 오랜 시간 동안 드려야 할 것 같다는 고정관념이 있으니까요.

그렇다면 생각을 바꾸어보면 어떨까요?

가정예배는 가족이 함께 멈춰 서서 하나님을 기억하는 시간입니다. 일상의 고단함 가운데서도 우리의 '본질'이며, 삶의 중심이 되는 '신앙'을 위해, 그리고 신앙의 교육을 위해 잠시 멈추어 서는 시간이 필요합니다. 멈춰 선 그 시간에 하나님을 기억하고 하나님의 이름을 부르며, 하나님께 감사드립니다. 이렇게 가족이 함께 멈추고 하나님을 기억하며 예배하는 그 자리가 바로 가정예배의 시간입니다.

애굽에서 노예로 살던 이스라엘 백성들은 하나님의 은혜로 출애굽하였습니다. 그러나 구원의 기쁨도 잠시, 눈앞에는 큰 바다 홍해가 보이고 뒤로는 이스라엘을 쫓는 바로의 군대가 무섭게 다가오는 소리가 들립니다. 이스라엘 백성은 두려움에 불평하였지만 똑같은 상황 속에서 모세는 이렇게 말했습니다.

> 우리가 애굽에서 당신에게 이른 말이 이것이 아니냐 이르기를 우리를 내버려두라 우리가 애굽 사람을 섬길 것이라 하지 아니하더냐 애굽 사람을 섬기는 것이 광야에서 죽는 것보다 낫겠노라 모세가 백성에게 이르되 너희는 두려워하지 말고 가만히 서서 여호와께서 오늘 너희를 위하여 행하시는 구원을 보라 너희가 오늘 본 애굽 사람을 영원히 다시 보지 아니하리라 여호와께서 너희를 위하여 싸우시리니 너희는 가만히 있을지니라
>
> 출 14:12-14

성경은 홍해 앞에 선 이스라엘의 모습을 선명하게 그려내고 있습니다. 진퇴양난의 상황이었습니다. 앞으로 나아가자니 큰 바다가 가로막고 있고 뒤로 물러서자니 자신들을 쫓아온 큰 군대가 있습니다. 이스라엘 백성들은 무기력했고 두려워했습니다. 어찌할 수 없는 그 상황에서 지도자인 모세를 원망하고 불평했습니다. 그러나 하나님께서는 모세를 통해 이렇게 말씀하십니다.

"두려워하지 말고 가만히 서서 하나님의 구원을 보라!"

이것은 지금, 오늘을 살아가는 우리에게도 하시는 말씀입니다. 여러분의 일상은 어떻게 흘러가고 있나요? 평탄하게 아무 일 없는 일상이 반복적으로 흘러갈 때도 있고, 우리 힘으로 해결되지 않는 많은 어려움과 함께 지낼 때도 있습니다.

평안한 일상 속에서도 창조주를 기억하고 그분께 마땅히 예배

를 드려야 합니다. 그러나 우리의 삶이 늘 평안하지는 않습니다. 사실, 나의 힘으로 해결할 수 없는 여러 문제가 나를 에워쌀 때가 더 많습니다. 해결되지 않는 문제와 상황에 내 마음이 함몰되었는데도 도무지 답이 없어 보입니다. 그럴 때 우리는 이스라엘 백성들처럼 두려워하고 무기력해지며, 때로는 원망할 대상을 찾기도 하지요.

그런데 그때 무언가 해결 방안을 생각하거나 행동하는 일에 앞서 가만히 멈추어서 창조주, 구원자를 기억해보세요. 멈추어서서 하나님을 바라고 기다릴 때 우리는 하나님께서 일하시는 것을 볼 수 있고, 하나님이 어떤 분인지를 알게 됩니다.

분주한 마음과 바쁘고 지친 몸을 일으켜 일상에서 잠시 멈추고, 함께 모여서, 하나님을 기억하고 하나님이 어떤 분이신지를 알아가는 것, 그리고 그 안에서 하나님을 찬양하고 높여드리는 것이 가정예배입니다.

가정예배: 함께 멈추는 시간

하나님은 우리의 피난처이시며, 우리의 힘이시며, 어려운 고비마다 우리 곁에 계시는 구원자이시니… 너희는 잠깐 손을 멈추고, 내가 하나님인 줄 알아라. 내가 뭇 나라로부터 높임을 받는다. 내가 이 땅에서 높임을 받는다.

시 46:1,10(새번역성경)

시편 46편 말씀은 열왕기하 18장의 내용을 배경으로 쓰인 시입니다. 앗수르가 남 유다를 공격하여 온 나라가 고통받고 성전과 왕궁에 있던 모든 은을 내줘야 했던 국가적 위기 앞에서, 시편 기자가 하나님을 기억하며 하나님께 영감을 받아 기록한 것입니다.

시편 46편 1절 말씀에서 말하는 하나님은 어떤 분이신가요? 하나님은 '우리'의 피난처이시고, '우리'의 힘이시며, '우리' 곁에 계시는 구원자라고 말하고 있습니다. 구원자이신 하나님은 '나' 개인에게뿐 아니라 공동체인 '우리'의 하나님이시라고 말합니다. 우리는 이 말씀을 따라 '우리의' 하나님께 '우리 가족'이 함께 멈추어 하나님을 기억하며 하나님을 예배하는 것이 마땅합니다.

개인이 하나님을 만나는 묵상 시간인 큐티(QT)와 주일에 교회 공동체가 함께 드리는 주일예배는 우리에게 비교적 익숙합니다. 성경에는 홀로 있을 때 주님을 찾고 만나는 하나님의 사람들이 등장하고, 신약 시대 이후 예수님을 믿는 사람들이 함께 모여 예수님의 부활을 기념하고, 주님을 기다리는 주일예배의 모습도 있습니다. 그렇다면 가정예배는 성경 속에서 어떻게 찾아볼 수 있을까요?

홍수에서 구원을 경험한 노아가 방주에서 나와 가장 먼저 한 일이 가족들과 함께 하나님을 예배한 일(창 8장)이었고, 야곱은 온 집안 사람들에게 벧엘로 올라가서 하나님께 제단을 쌓자(창 35장)라고 말하고 있으며, 욥은 자녀들과 함께 번제를 드리는(욥 1장) 등 성경에는 가족이 함께 하나님을 예배한 신앙 선조들의 이야기가 많습니다.

또한 성경은 끊임없이 부모가 자녀에게 신앙을 전수해야 한다고 말하고(신 6장), 가족이 함께 오직 하나님만 섬기고 예배할 것을 선언하며(수 24:13), 마땅히 행할 길(신앙)을 자녀에게 가르쳐야 한다(잠 22:6)라고 말합니다. 자녀에게 신앙을 가르치고 전수하는 현장, 그리고 함께 하나님을 만나는 그 시간이 바로 '가정예배' 시간입니다.

가족이 함께 멈추어 서서, 서로의 삶을 나누고, 하나님을 묵상하는 시간! 이런 시간이야말로 우리에게 꼭 필요한 시간이 아닐까요? 부모의 삶과 자녀의 삶이 우리를 지으신 하나님 앞에서 정직하게 만나는 자리, 이곳을 통해 서로의 삶을 이해하고 서로의 기쁨과 슬픔을 공감하며 서로를 위해 기도하며 가족이 하나님께서 허락하신 언약 공동체임을 누릴 수가 있을 것입니다.

가정예배: 하나님을 만나는 시간

예배받기 합당하신 하나님께서는 시편 46편 10절에서 우리에게 하던 일을 멈추라고 말씀하십니다. 우리가 멈춘 자리에서 하나님의 이름을 부를 때, 우리는 하나님이 멀리 계신 어떤 존재가 아니라 우리 곁에 계시는 우리 아버지이심을 다시금 알 수 있을 것입니다.

하던 일을 멈춘 우리에게 하나님이 요구하시는 바는 '하나님을 알라'는 것입니다. 하나님께서는 하나님과 상관없는 것 같은 일상을 살던 우리가 멈춰 서서, 우리의 창조자이며 구원자되신 분을 기억하고 알아가기를 원하십니다. 우리가 멈추어 하나님이 어떤 분인지 생각하고 기억하며 묵상하는 그 자리에서 하나님께서는 높임을 받으십니다. 그것이 바로 우리의 예배입니다.

자녀들과 함께 일상을 멈추고 하나님을 떠올려보세요. 하나님을 묵상해보세요. 하나님께서는 하나님께 나아오는 우리를 그분의 미쁘심으로 만나주시고, 하나님이 어떤 분이신지를 우리에게 친히 알려주실 것입니다. 가정예배를 드리는 것, 그 '거창함'에 눌려 시작도 못 하고 있진 않았나요? 하나님께서는 예배의 '형식'보다 하나님을 기억하고 하나님의 이름을 부르는 예배자들의 마음과 예배를 받는 분이십니다.

그러니 가정예배 드리는 일을 너무 어렵고 무겁게 생각하지 말고, 가족이 함께 모여 하나님을 기억하고 알아가는 시간을 가져보기를 제안합니다. 가족이 함께 멈추어서 하나님을 묵상하며 기억하는 가정예배를 우리 집에서도 세워보는 것, 어떠세요? 오늘 이 시간에 하나님의 말씀과 서로의 나눔으로 우리 집의 가정예배를 세워가는 기쁨과 결단이 있기를 소망합니다!

주님 앞에서

1. '함께 둘러앉아서'를 읽으며 중심이 되는 단어를 세 가지 써보세요. 그리고 새롭게 깨달은 점이 있다면 나눠보세요.

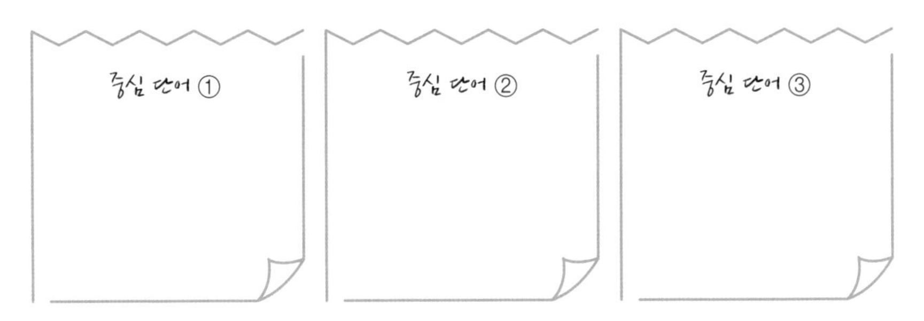

2. 시편 46편 10절에서 하나님께서 우리에게 예배(높임)를 받기 위해 우리에게 어떤 일을 요구하셨나요?

3. 가정예배에 대한 기존의 생각과 새로운 결단을 담아 가정예배로 4행시를 지어보세요.

가.

정.

예.

배.

우리 삶 앞에서

1. 현재 '나'는 언제 멈추어, 어떻게 하나님을 묵상하고 예배하고 있나요? 함께 이야기해봅시다.

예) 매일은 못 하지만 출근 후 근무 전 QT하기, 아이들 등교 후 성경 읽기, 잠자기 전 기도하기 등

2. 우리가 하나님 안에서 멈추는 것을 방해하는 것은 무엇일까요? 가족이 함께 모이는 데 어려운 점이 있다면 적어보고, 함께 브레인라이팅*을 하며 서로를 위한 해결 방안을 찾아주세요.

※ 준비물: 전지1/2 사이즈 종이, 매직 등

브레인라이팅(brain writing): 종이 한 장에 질문에 대한 답을 쓴 뒤, 옆으로 한 칸씩 돌려가며 함께하는 구성원의 의견에 댓글을 답니다. 그렇게 한 칸 씩 움직이면서 자기가 쓴 글이 자기 앞으로 돌아올 때까지 진행하는 의견 수합 방법입니다.

자녀 앞에서

1. 우리 가족이 '멈추는 것'과 '가정예배를 드리는 일'을 방해하는 요소가 있다면 어떤 것인지 함께 나누어보세요.

"지난 주에는 우리가 왜 가정에서 예배를 드려야 하는지에 대해서 이야기했지."

"가정예배를 시작하기 위해서는 가족이 함께하는 시간을 만드는 게 먼저일 것 같아.
가족이 하나님을 예배하기 위해 함께 멈추는 시간이 필요해"

"그런데 우리가 함께 시간을 맞춰서 가정예배를 드리는 일에 있어서 불편하거나 어려운 점이 있을까? 내 삶에서 우리 가족의 예배를 방해하는 것이 있다면 한번 나누어보자."

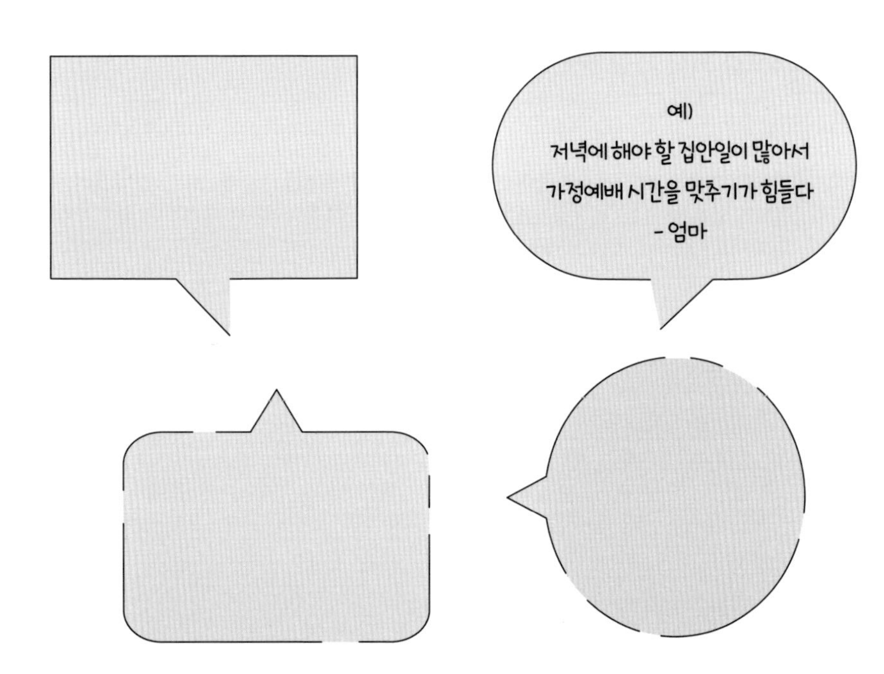

2. 함께 멈추어 하나님을 예배하도록 예배 주머니*를 활용해보세요. 1번에서 나누었던 요소를 메모지에 적어 스마트폰과 함께 예배 주머니에 넣고, 쉼을 방해하는 물건들도 예배 주머니에 넣어보세요.

※ 준비물: 예배 주머니(집에 있는 파우치나 주머니, 작은 상자)

3. 함께 멈추어 선 곳에서 아래의 순서에 따라 하나님을 기억하는 가정예배를 드려보세요.

※ 준비물: 부록 2, 필기도구

1) 가족이 정해진 시간에 함께 모여주세요.
2) 가족이 함께 모일 수 있는 공간에서 각자 한 주간 있었던 일을 생각해보며, 하나님께 감사한 내용을 부록 2에 기록하며 나눠보세요. 여러 가지 감사 제목을 말해도 좋고, 한 가지 감사 제목을 길게 나누어도 좋습니다.
3) 가족 중 한 명이 감사 내용을 읽고, 마무리 기도로 가정예배를 마칩니다.

세 번 째

걸 음

언제, 어디에서 먹을까

인생에서 가장 기억에 남는 '식사'는 어떤 것일까요? 연인과의 데이트, 가족이 함께 모인 저녁 식탁, 할머니 생신 때 친척들과 둘러앉아 먹었던 풍성한 잔치, 처음으로 혼자 식당에 가서 '혼밥'을 먹었을 때 등 우리의 기억에 남아 있는 식사 장면은 어쩌면 음식의 종류보다 나에게 의미가 있는 장소, 내가 사랑하는 사람과 함께 밥을 먹었을 때는 아니었을까요?

우리는 요즘 결과보다 과정, 과정 속에서도 특히 '이야기'가 중요한 시대에 살고 있습니다. 음식을 먹을 때도 '무슨' 음식을 먹는가 하는 것도 중요하지만 '어떻게' 만들어진 음식을, '누구'와 함께, '어디에서' 먹느냐 같은 음식의 스토리 또한 중요하다는 이야기입니다.

우리는 오늘 우리 가족만의 가정예배 스토리를 만들어볼까 합니다. "우리는 가정예배를 드린다!"라는 외침으로 끝내기보다 가족이 함께 만들어가는 맛있는 가정예배 시간으로 세워보려고 합니다.

지난 시간, 우리는 가족이 함께 멈추기 위해 애써보았고, 멈춘 자리에서 하나님을 기억하며 하나님께 감사하는 시간을 가져보았습니다. 일상을 멈추고 하나님을 묵상하는 그 시간을 우리는 '가정예배'의 시간으로 드리기로 했지요. 오늘은 그 가정예배를 언제, 어디에서 드리면 좋을까 하는 이야기로 맛있는 가정예배의 장을 열어보려고 합니다.

일상에서 멈춰 하나님을 기억하는 예배: 시간 디자인

다니엘이 이 조서에 왕의 도장이 찍힌 것을 알고도 자기 집에 돌아가서는 윗방에 올라가 예루살렘으로 향한 창문을 열고 전에 하던 대로 하루 세 번씩 무릎을 꿇고 기도하며 그의 하나님께 감사하였더라

단 6:10

제구시 기도 시간에 베드로와 요한이 성전에 올라갈새

행 3:1

남 유다 사람이었던 다니엘은 바벨론이 유다를 점령하면서 바벨론에 포로로 잡혀갔습니다. 그러나 적국인 바벨론에서도 하나님의 은혜를 입어 왕이 사는 궁전에 살며 많은 지식을 배우고 준비하여 나라를 위해 일하게 되었고, 나중에는 바벨론의 총리 자리까지 올랐습니다. 다리오 왕은 일을 잘하고 마음이 민첩한 다니엘을 전국을 다스리는 관리로 세웠습니다. 다니엘은 주어진

일을 하며 일상을 매우 바쁘게 보내면서도, 매일 시간을 정하여 일상을 잠시 멈추고 하나님께 기도하며 감사하는 시간, 즉 하나님을 예배하는 시간을 가졌습니다. 하루에 세 번씩 시간을 정하여 하나님을 찾고 기도하며 하나님의 사심을 기억하는 삶을 살았습니다.

구약뿐만 아니라 신약에서도 하나님을 기억하는 시간을 마련한 사람들의 이야기가 기록되어 있습니다. 사도행전 3장에는 베드로와 요한의 이야기가 등장합니다. 이들은 복음을 전하러 다니고, 믿는 사람들과 함께 모여 하나님을 찬미했습니다. 그러나 아무리 바쁘고 힘들어도 정해진 기도 시간이 되면 일상을 멈추고 기도하기 위해 성전에 올라갔습니다.

바쁜 삶 속에서도 하나님을 기억하기 위해 시간을 정하고 하던 일을 멈추었던 다니엘처럼, 기도의 시간을 정하여 성전에 올라갔던 베드로와 요한처럼, 우리 가족이 함께 시간을 정하여 하나님을 기억하는 시간, 하나님께 감사하는 시간을 가지며 일상을 멈추어보는 것은 어떨까요? 어려워 보이는 '가정예배'도 함께 멈추어 하나님을 기억할 시간을 정하는 한 걸음부터 시작됩니다.

교회가 아닌 곳에서도 드리는 예배: 장소 디자인

제구시 기도 시간에 베드로와 요한이 성전에 올라갈새

행 3:1

이튿날 그들이 길을 가다가 그 성에 가까이 갔을 그때에 베드로가 기도하려고 지붕에 올라가니 그 시각은 제육시더라

행 10:9

이에 베드로가 이르되 이 사람들이 우리와 같이 성령을 받았으니 누가 능히 물로 세례 베풂을 금하리요 하고 명하여 예수 그리스도의 이름으로 세례를 베풀라 하니라 그들이 베드로에게 며칠 더 머물기를 청하니라

행 10:47-48

예수님의 제자 중 한 명인 베드로의 이야기는 사도행전 초반에 쉽게 찾아볼 수 있습니다. 다른 이들에게 복음을 전하며 자신도 하나님 앞에서 경건 생활을 하기 위해 힘썼던 베드로! 그가 하나님께 기도하고 예배하던 장소가 따로 정해져 있지는 않았습니다. 베드로는 요한과 함께 성전에 올라가서 기도했고(행 3장), 다른 이의 집 지붕에 올라가서 기도했습니다(행 10장). 그뿐만 아니라 고넬료의 집에서 낯선 이들에게 복음을 전하고, 세례를 베풀고 함께 예배하였습니다(행 10장).

우리는 '예배'를 드린다고 하면 장소로서의 교회, 곧 예배당이라는 정해진 장소를 생각할 때가 많습니다. 그러나 성경 속에서 베드로가 기도하고 예배를 드렸던 장소를 살펴보면 교회 예배당(성경 시대의 성전)에 국한되지 않았습니다. 하나님을 찾고 하나님을 기억하고 하나님께 기도한 곳이 바로 그가 하나님을 만난 장소, 즉 하나님을 예배한 장소가 되었습니다. 교회, 예배당이라는 장

소에서만 예배하는 것이 아니라 가정에서도 하나님을 예배하며, 우리 집을 온 가족이 함께 멈춰서 하나님을 기억하는 그런 예배의 장소로 만들어보는 것은 어떨까요?

거룩하신 하나님께서 하나님의 백성인 우리 또한 몸과 마음을 구별하여 거룩하게 하라(레 11:45)라고 말씀하십니다. 예배의 시간과 공간도 거룩함을 입은 우리가 하나님께 나아감으로 말미암아 거룩해집니다. 우리가 하나님께 예배를 드리는 시간이 길어야 하는 것은 아닙니다. 하나님을 기억하고 멈추며 하나님을 찬양하며 예배하는 시간은 그 시간이 아무리 짧아도 하나님의 임재가 있기에 의미 있는 시간이 됩니다. 그 시간에 우리는 하나님을 알게 되고 말씀과 기도로 삶의 변화를 이끌어내며 가족들이 서로를 더욱 이해하게 될 것입니다.

우리가 하나님을 예배하는 공간도 하나님의 임재가 있을 때 의미있는 공간이 됩니다. 특별하지 않은 장소이자 평범하게 일상을 살아가던 우리 집이라는 공간이 예배를 통해 하나님이 임재하시는 거룩한 공간이 되는 것이죠. 우리의 일상이 담긴 시간과 공간이 '하나님'으로 인해 거룩해지는 가정예배, 우리 함께 시간을 내서 우리 집에서 시작해봅시다.

우리 가족이 함께 하나님을 만나는 시간과 장소

우리는 가정예배에 대해서 이렇게 정의했습니다. 가족이 '멈추어', '함께', '하나님을 기억하는 것'이라고요. 가정예배의 시작은 거창하지 않습니다. 가족이 함께 일상을 멈추고 하나님을 기억하는 소박한 시간에서 시작됩니다.

우리는 언제 어디에서나 하나님을 예배할 수 있습니다. 구원받은 하나님의 백성이 하나님의 이름을 부르고 하나님을 찾는 것이 바로 예배이기 때문입니다. 오늘 우리는 다니엘처럼 가족이 함께 일상을 멈추고 하나님을 기억할 예배의 시간을 정하고, 베드로처럼 하나님을 기억할 공간을 우리 가정에 세워보려고 합니다. 여러 가지 활동을 통해서 우리 가족에게 맞는 가정예배의 시간과 공간을 디자인해보세요. 하나님께서 우리 가족의 가정예배를 통해 영광 받으시고 우리에게 베풀어주실 은혜를 기대하는 마음으로 함께 시작해볼까요?

주님 앞에서

1. '언제, 어디에서 먹을까'를 읽으며 중심이 되는 단어를 세 가지 써보세요. 그리고 새롭게 깨달은 점이 있다면 나눠보세요.

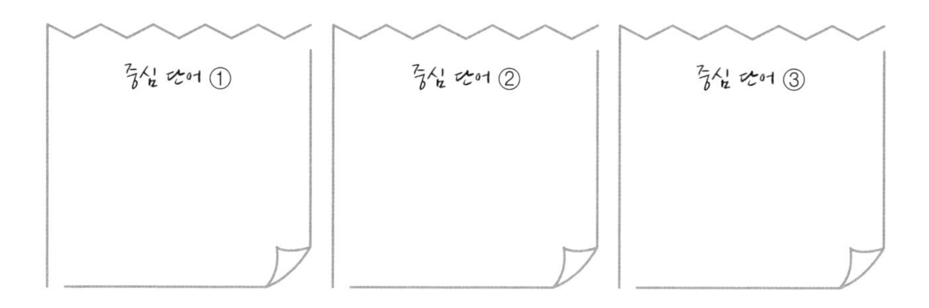

2. 총리 다니엘은 많은 일을 해야 하는 바쁜 일상 속에서 하나님을 만나는 시간을 어떻게 만들었을까요? 우리도 바쁨과 분주함 속에서 어떻게 가족과 함께 하나님을 예배하는 시간을 만들 수 있을지 생각하고 적어보세요.

3. 베드로가 하나님을 만난 장소를 생각해보고, 내가 하나님을 만나는 장소는 어디인지 떠올리며 모두 적어보세요.

1. 이제 우리 가족만의 가정예배를 구체적으로 설계해볼까요? 가족이 모이기 편안한 가정예배 주기를 체크한 후 시간을 정해보세요.

※ 매일 가정예배를 드린다면 가장 좋겠지만, 가족의 일정상 매일 만나기 어렵다면 일주일에 한 번 정도로 가볍게 시작해보고, 점차 늘려가는 것도 좋습니다.

☐ 매일	☐ 월, 수, 금 ☐ 화, 목, 토	☐ 주 1회 (요일)	☐ 기타

가족이 함께 멈추는 시간

" _____ 요일 _____ 시 _____ 분 "

2. 가정예배를 드릴 장소를 정해보세요. 집 안 어디든 가족이 함께 모일 수 있는 곳이면 돼요.

가족이 함께 기억하는 공간

" ______________________________ "

자녀 앞에서

1. 가정예배는 개인 경건의 시간이 아니며 가족이 같이하는 시간이기에 온 가족이 함께 약속을 정하는 것이 필요합니다. 자녀들과 함께 대화하며 우리 가족의 가정예배 시간과 장소를 정해보세요.

"얘들아, 우리 가족은 일주일에 몇 번, 언제 예배를 드리면 좋을까?"

"요일과 시간은 언제로 정하면 좋을까?"

"우리 가족은 같은 집 안에서도 평소에 각자 편한 곳에서 따로 있을 텐데, 예배를 드릴 때 모이기 위해서 예배의 시작을 어떻게 알려주면 좋을까?."

"가정예배를 드릴 장소는 어디가 좋을까? ○○이가 생각해보고 알려줄래?"

"가정예배 장소도 함께 꾸미면 좋을 것 같은데, 어떻게 하는 게 좋을까?"

예배를 알려주는 신호의 예)
예배 주머니 두기, 좋아하는 찬양 틀기, 찬양 부르기, 향초 켜기, 종 울리기 등

2. 자녀와 함께 나눈 이야기를 바탕으로 우리가 함께 멈출 시간과 하나님을 기억할 공간을 부록 3에 적어보고, 별지 <우리 집 맛있는 가정예배 한 눈에 보기>에 붙여주세요.

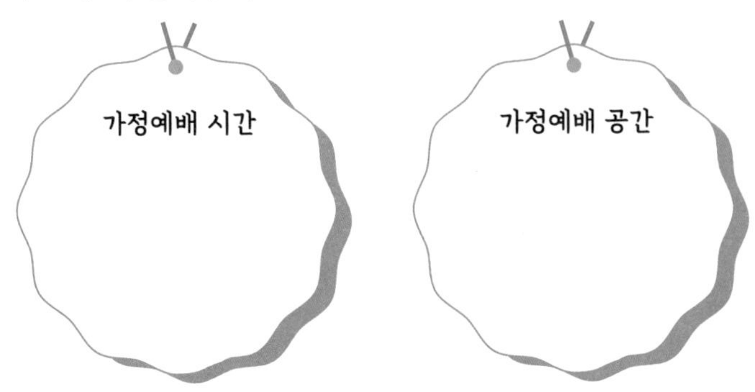

3. 가족이 함께 하나님을 기억할 공간을 결정하였다면, 예배 공간을 어떻게 꾸미면 좋을지 자녀들과 함께 나눠보세요. 예배 공간은 상시적으로 쓸 수 있는 공간도 가능하고, 평소에는 다른 공간으로 쓰다가 가정예배 시간에는 예배를 드리는 비상시적 공간도 가능합니다.

예) 방석 놓기, 성경책 놓기, 테이블보 깔아두기, 십자가 놓기, 스탠드 조명 켜기, 플래그 달기, 원터치 텐트 설치하기, 캠핑 의자 놓기 등

예배 공간 그려보기

4. 이번 주 함께 정한 시간과 공간에서 가정예배를 드려보세요. 아래의 형식에 따라 예배 담당자를 정하고, 말씀 시간을 어떻게 할지 나눈 뒤 예배를 드려보세요.

예배 순서	내용	담당자
1. 예배 시작을 위한 알림[1]		
2. 찬송[2]	" "	다 함께
3. 신앙고백	사도신경	다 함께
4. 기도	가족 중 대표 한 사람이 오늘 가정예배를 위해 기도해주세요.	맡은 이
5. 말씀 읽기[3]	" "	맡은 이
6. 말씀 나눔	말씀을 읽고, 느낀 점을 한 가지씩 이야기해주세요.	다 함께
7. 축복의 시간	가족이 돌아가며 서로를 축복하고 안아주세요.	다 함께
8. 주기도문		다 함께

1. 가족이 함께 정한 예배 알림을 사용하면 됩니다.
2. 가족이 모두 함께 알고 있는 찬양을 선곡해주세요.
3. 다음의 세 가지 방법 중 하나를 선택해 가정예배 말씀을 골라 주세요.
   ① 지난 주일 각자 들은 설교 말씀을 중심으로 묵상 내용을 나눠보세요.
   ② 부모가 지난 한 주 살았던 삶과 연관된 말씀을 나눠보세요. 부모님이 좋아하는 성경말씀도 좋습니다.
   ③ 가족큐티를 하고 있다면 오늘의 큐티 말씀을 가지고 함께 묵상을 나눠보세요.

네 번 째

걸 음

가정예배 레시피 만들기

가정예배 레시피 만들기

맛있는 음식을 만들려면 그 요리에 맞는 좋은 레시피를 찾아보는 것이 매우 중요합니다. 어떤 레시피대로 만드느냐에 따라 음식의 맛이 조금씩 달라지기 때문이죠. 자신의 입맛에 맞는 레시피를 찾아 음식을 만들고, 한 숟가락 떴을 때의 만족감이란….

여기서 잠깐! 가정예배도 마찬가지입니다. 가정예배를 드려야 한다는 걸 알고 또 드리려고는 하지만 각 가정마다 상황과 여건이 다릅니다. A라는 레시피로 만든 김치찌개가 우리 집 입맛에 맞더라도 다른 집 입맛에는 안 맞을 수 있습니다. 마찬가지로 가정예배도 A라는 예배 형식이 어느 가정에는 잘 맞지만, 다른 가정에는 좀 어색할 수 있답니다.

그래서 이번 시간에는 우리 가정에 맞는 가정예배 레시피를 찾아보려 합니다. 다양한 재료들로 만들어보는 가정예배 레시피를 찾아 떠나볼까요?

가정예배의 유익

많은 부모님이 “가정예배를 드리고 싶은데 어떤 방법으로 드려야 하나요?”라고 묻습니다. 가정예배의 중요성과 필요성은 익히 들어서 알고 있지만, 막상 가정예배를 드리려 하면 예배 형식과 순서는 어때야 하는지, 말씀은 누가 나누어야 하는지, 큰 자녀에게 초점을 맞추어야 하는지 아니면 어린 자녀에게 초점을 맞추어야 하는지 등 눈앞에 현실적인 상황들이 펼쳐지며 가정예배가 막막하고 막연하게 느껴집니다.

이런 상황 속에서도 꿋꿋하게 가정예배를 시작해보지만 함께 모이는 것이 어려워 그만두거나 가족들이 적극적이지 않아 포기하기도 합니다. 그러나 도널드 휘트니는 가정예배의 유익[1]을 아래와 같이 말하며, 가정예배를 지속하는 것이 중요하다고 강조합니다.

1) 자녀의 삶 속에 매일 복음을 말해줄 수 있는 최고의 방법이다.
2) 자녀가 당신에게서 꾸준히 하나님을 배울 수 있는 최고의 방법이다.
3) 당신의 신앙의 핵심을 자녀에게 전수할 수 있는 최고의 방법이다.

---

1. Donald S. Whitney, *Family Worship*, 윤종석 역, 『오늘부터, 가정예배: 실천적 가정예배 안내서』, (복있는 사람, 2017), 80-81.

4) 자녀가 부모의 지속적이고 긍정적인 신앙 모범을 실생활에서 볼 수 있는 최고의 방법이다.
5) 자녀에게 실행 및 재생 가능한 모범을 보임으로써 훗날 자녀가 결혼하여 가정을 꾸릴 때 기독교 가정다운 가정을 이루게 할 수 있는 최고의 방법이다.
6) 가족들이 날마다 함께 할 수 있는 최고의 방법이다.
7) 평소 자녀에게 하나님이나 신앙에 대해 편안하게 질문할 기회를 줄 수 있는 최고의 방법이다.

가정예배의 기본 재료: 말씀, 기도, 찬송

우리는 맛있는 가정예배 첫 번째 걸음을 통해 왜 가정예배를 드려야 하는지 이야기를 나누었습니다. 두 번째 걸음을 통해 온 가족이 잠깐 일상에서 멈춰 서서 하나님을 기억하자고 했습니다. 세 번째 걸음을 통해 온 가족이 하나님을 기억하기 위해 함께 멈출 시간과 공간을 마련해보았습니다. 그렇다면 정해진 시간과 공간 속에서 어떤 방법으로 하나님을 기억하며 알아갈 수 있을까요? 어떻게 하면 우리 가정이 맛있는 가정예배를 드릴 수 있을까요?

결코 어렵지 않습니다. 로버트 뱅크스가 쓴 『1세기 교회 예배 이야기』는 초대교회 가정예배에 초대받은 사람의 시점으로 가정

예배를 이야기합니다.[2]

"이제 예배가 시작되는 건가?" 글레멘드에게 물었다. 그러자 그는 나를 의아하게 쳐다보면서 입가에 미소를 띠며 대답했다.
"집으로 들어오면서 실제로 예배는 시작되었지."

초대교회의 가정예배는 함께 먹고 마시며 격의 없이 토론하고 노래하는 등 꾸밈이 없었습니다. 특별한 격식을 갖춘 모습으로가 아니라 일상 속에서 자연스럽게 드려졌으며 식사, 나눔, 기도, 암송, 찬송, 성경 읽기 등의 요소를 포함했습니다. 가정예배에 있어 하나님을 알아가는 방법으로써 말씀을 읽고, 찬송하고, 기도하는 것은 기본 재료라고 할 수 있습니다.

가정예배는 말씀, 기도, 찬송이라는 세 가지 기본 재료를 가정의 상황에 맞게 배치하면 더욱 풍성하게 드릴 수 있습니다. 세 가지 기본 재료를 우리 가정 상황에 어떻게 적용할 수 있을지 생각해보세요.

하나, 말씀 읽기

우리는 성경말씀을 통해 하나님을 알아가고, 하나님과 교제할

2. Robert J. Banks, *Going to church in the first century*, 신현기 역, 『1세기 교회 예배 이야기』, (IVP, 2017),

수 있습니다. 또 성경말씀은 우리 삶의 지표가 되기도 합니다. 성경말씀은 부모와 자녀 모두가 하나님의 말씀을 자신의 삶 위에 두고 그분 뜻을 발견하며 삶의 주인되신 하나님을 알아가는데 꼭 필요한 가정예배에서 중요한 요소 중 하나입니다.

> 주의 말씀은 내 발에 등이요 내 길에 빛이니이다
>
> 시 119:105

> 모든 성경은 하나님의 감동으로 된 것으로 교훈과 책망과 바르게 함과 의로 교육하기에 유익하니 이는 하나님의 사람으로 온전하게 하며 모든 선한 일을 행할 능력을 갖추게 하려 함이라
>
> 딤후 3:16-17

그렇다면 말씀이 지루하게 느껴지지 않고, 자녀들에게 꿀보다 달콤한 말씀이 되게 하려면 어떻게 해야 할까요? 말씀을 읽는 방법은 다양합니다. (1) 가족과 함께 성경 통독하기(매일 1장씩), (2) 큐티책으로 성경말씀 묵상하기, (3) 함께 말씀 암송하기, (4) (어린 자녀와 함께할 경우)그림 성경책 또는 이야기 성경책 읽기, (5) 성경말씀 읽고 그림이나 역할극으로 표현하기 등 다양한 방법으로 말씀을 읽을 수 있습니다. 또한 성경공부 교재를 선택하여 함께 공부하거나 교리 등을 공부하는 것도 말씀을 가까이하는 방법 중 하나입니다.

말씀을 강조한 가정예배

성경 읽기, 어린이 이야기 성경·어린이 교리문답서·성경공부 교재·큐티책 활용하기, 말씀을 그림으로 표현해보기, 성경 암송하기 등

둘, 기도하기

기도가 하나님과 소통하는 창구라고 알려주는 말씀은 성경 곳곳에서 볼 수 있습니다. 특히 사도행전에서는 초대교회 교인들에게 기도에 힘쓸 것을 강조합니다. 예수님도 두 사람이 땅에서 합심하여 기도하면 하나님께서 이루시고 그들 중에 함께 거한다고 말씀하셨습니다. 이처럼 기도는 하나님과 우리를 잇는 이음줄이며, 우리는 기도를 통해 하나님의 역사를 더 명확하게 볼 수 있습니다.

가정예배에서도 마찬가지입니다. 기도를 통해 우리 가정의 문제를 하나님께 아뢰고, 하나님의 뜻을 알 수 있습니다. 이 과정을 반복하며 우리는 무엇보다 우리 삶의 주인되신 하나님, 가정의 주인되신 하나님을 경험하게 됩니다. 기도 또한 가정예배에서 기본적이고 중요한 재료입니다.

> 그들이 사도의 가르침을 받아 서로 교제하고 떡을 떼며 오로지 기도하기를 힘쓰니라
>
> 행 2:42

아무것도 염려하지 말고 다만 모든 일에 기도와 간구로 너희 구할 것을 감사함으로 하나님께 아뢰라 그리하면 모든 지각에 뛰어난 하나님의 평강이 그리스도 예수 안에서 너희 마음과 생각을 지키시리라

빌 4:6-7

우리 가정의 상황에 맞게 기도를 가정예배의 한 요소로 사용하는 방법으로는 어떤 것이 있을까요? (1) 기독학부모 희생열애 기도책자로 기도하기, (2) 가족끼리 기도 제목을 나누며 기도하기, (3) 중보적 기도 제목을 나누고 기도하기 등이 있습니다.

가정 안에서 기도 제목을 나눌 때는 부모의 직장생활이나 문제, 자녀의 학교나 교우관계 등 우리 일상부터 나누는 것이 좋습니다. 조금 익숙해지면 기도의 영역을 확장하여 하나님의 나라와 교회, 어려운 이웃들을 위해 기도합니다. 가족 중에 누구든 기도 인도자가 될 수 있습니다.

기도를 강조한 가정예배

'기독학부모 희생열애 기도책자[3]'를 활용하기, 개인 기도제목 나누며 중보하기, 성경을 읽고 묵상한 내용으로 기도하기, 감사함 나누기, 사회적 이슈나 기사를 보고 함께 중보기도하기, 학교(어린이집) 친구들과 직장 동료들을 위해 기도하기 등

---

3. 기독교학교교육연구소 저, 『기독학부모 희망기도』, 『기독학부모 생기기도』, 『기독학부모 열정기도』, 『기독학부모 애통기도』, (예영커뮤니케이션, 2011).

셋, 찬송하기

기독교 역사에서 찬송은 언제나 중요했습니다. 초대교회는 예수님의 부활을 통해 이루어진 구원을 기뻐하며 날마다 감사의 찬송을 드렸습니다. 시와 찬미와 신령한 노래로 서로 화답하며 찬송했지요. 시편을 읽고 노래하며 찬송하고, 성경 구절을 가지고 찬송하기도 했습니다. 우리는 찬송으로 하나님께 영광 돌리고 우리의 감사를 표현할 수 있습니다. 또한 우리는 찬송하는 중에 하나님의 임재를 경험하기도 합니다. 따라서 가정예배에서 찬송 또한 기본적이고 중요한 재료입니다.

> 시와 찬송과 신령한 노래들로 서로 화답하며 너희의 마음으로 주께 노래하며 찬송하며
>
> 엡 5:19

> 이스라엘의 찬송 중에 계시는 주여 주는 거룩하시니이다
>
> 시 22:3

가정예배에서 찬송하는 방법은 다양합니다. 가정예배에서는 찬송가뿐 아니라 CCM, 아이들이 교회학교 예배에서 부르는 찬양 등 다양한 찬양을 불러보세요. 가정예배 때 함께 부를 찬양을 선정하고 (1) 악기로 찬양하기, (2) 몸으로 찬양하기, (3) 시편을 읽으며 찬양하기, (4) 가족 구성원이 은혜 받은 찬양 함께 나누기 등 다양한 방법으로 찬양을 하면 됩니다. 하나님은 우리 찬송

가운데 늘 함께 계시는 분이니 찬양을 통해 맛있는 가정예배를 더 풍성하게 드려보세요.

찬송을 강조한 가정예배

시편 읽기, 시편 찬송 선정하여 배우며 부르기, 자기 삶과 연관된 찬송하기, 찬송가의 가사를 찬찬히 읊기, 몸 찬양하기, 말씀 챈트, 찬양 배우기, 좋아하는 찬양 소개하기 등

특별 소스로 더 맛있게

음식을 만들 때, 같은 재료와 조리법을 사용하더라도 어떤 소스가 들어가느냐에 따라 맛이 달라지도 합니다. 가정예배도 마찬가지입니다. 가정예배의 기본 재료인 말씀, 기도, 찬송 위에 다양한 소스를 첨가하면 더 맛있는 가정예배 레시피를 만들 수 있습니다. 그렇다면 우리 가족 구성원이 모두 참여하고 즐거워하며 하나님께 영광 돌리는 가정예배를 만들기 위해 어떤 소스를 사용하면 좋을까요?

세족식을 하거나 가정예배 전에 대화 카드를 활용하여 마음을 열기, 퀴즈나 보드게임으로 가족 간에 친목 다지기, 특별한 음식 나누기, 성경적 가치관으로 그림책을 읽거나 영화를 보고 이야기 나누기 등 가정예배 안에 우리 가정만의 특별한 소스로 사용할 수 있는 것은 다양합니다. 이때 우리 자녀의 나이와 신앙의 눈높이를 고민하여 가정예배에 함께하는 가족 모두가 환영하고 참여할 수 있는 특별 소스를 첨가해보세요. 더 맛있는 가정예배가 될 것입니다.

맛있는 가정예배 레시피 쓰기

지금까지 가정예배의 핵심 기본 재료인 말씀, 기도, 찬송으로 어떻게 맛있는 가정예배를 만들 수 있을지 나누어 보았습니다. 자, 이제 우리 가정의 상황과 여건에 맞게 레시피를 만들어 볼까요? 세 가지 재료를 모두 사용해도 되고, 특별하게 하나의 재료를 강조해서 가정예배를 드려도 됩니다. 특별 소스를 넣어 더 맛있게 가정예배를 요리해도 좋습니다. 생각보다 가정예배의 형식이 쉽고 간단할 수 있습니다.

여기서 잠깐! 맛있는 가정예배 레시피 즉, 가정예배의 형태를 한 가지로만 제한하지 말고 가정의 상황과 여건에 따라 자유롭게 바꾸며 여러 방법을 시도해보세요. 그 과정 속에서 우리 가정에 제일 잘 맞는 가정예배 레시피를 찾을 수 있을 것입니다.

주님 앞에서

1. '가정예배 레시피 만들기'를 읽으며 중심이 되는 단어를 세 가지 써보세요. 그리고 새롭게 깨달은 점이 있다면 나눠보세요.

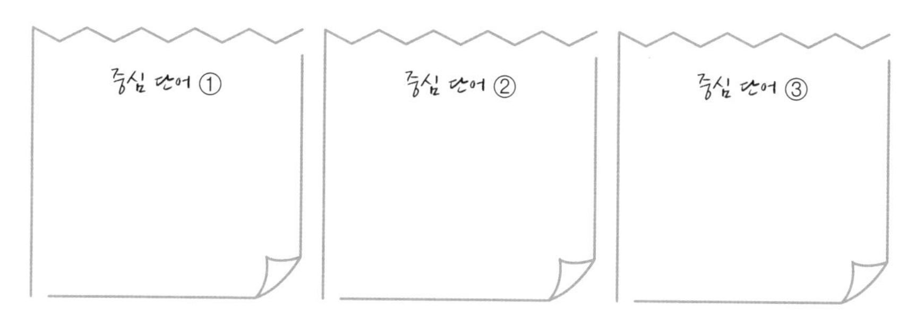

2. 아래의 문장을 읽고 자기 생각을 OX로 답한 후 그렇게 생각한 이유를 나누어봅시다.

" 가정예배는 전통적인 예배 형식을 따라야 한다. "

3. 가정예배에서 말씀, 기도, 찬송이 우리에게 주는 유익을 아래의 말씀을 읽고 찾아보세요.

모든 성경은 하나님의 감동으로 된 것으로 교훈과 책망과 바르게 함과 의로 교육하기에 유익하니 이는 하나님의 사람으로 온전하게 하며 모든 선한 일을 행할 능력을 갖추게 하려 함이라

- 딤후 3:16-17

아무것도 염려하지 말고 다만 모든 일에 기도와 간구로 너희 구할 것을 감사함으로 하나님께 아뢰라 그리하면 모든 지각에 뛰어난 하나님의 평강이 그리스도 예수 안에서 너희 마음과 생각을 지키시리라

- 빌 4:6-7

시와 찬송과 신령한 노래들로 서로 화답하며 너희의 마음으로 주께 노래하며 찬송하며

- 엡 5:19

우리 삶 앞에서

1. 우리 가정만을 위한 예배 레시피를 만드는 시간입니다. 아래에서 세 가지 기본 재료를 풍성하게 만드는 방법들을 보고, 우리 가정 상황에 잘 맞는 것을 모두 체크해보세요.

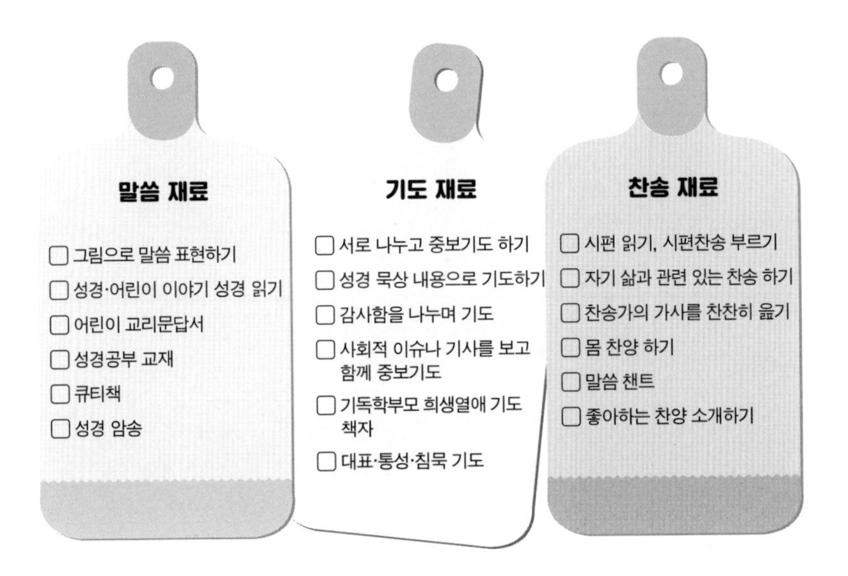

2. 가정예배 안에 우리 가정만의 색깔에 맞게 추가하고 싶은 특별 소스가 있나요? 아래의 보기들을 참고하여 가정예배에 추가해보세요.

3. 앞에서 선택한 기본 재료와 가정만의 특별 소스를 입맛대로 조리하여, 우리 가정에 맞는 가정예배 레시피를 만들어보세요.

<table>
<tr><th>[재료 선정하기]
말씀, 기도, 찬송 중에서 우리 가정예배의 주된 재료가 될 수 있는 것에 체크하고, 어떤 방법으로 예배를 드릴지 적어보세요.</th><th>[레시피 순서]
왼쪽의 기본 재료와 특별 소스를 보며, 맛있는 가정예배의 순서를 잘 세워보세요.</th><th>[담당 가족]
가족 모두 한 가지 이상의 순서를 맡아서 진행해보세요.</th></tr>
<tr><td rowspan="6">1. 기본 재료
☐ 말씀
ex) 말씀을 그림으로 표현하기
☐ 기도
☐ 찬송

2. 특별 소스
(우리 가정만의 예배 순서가 있다면 적어보세요.)
• ____________
ex) 축복기도
• ____________
ex) 특별 식사
• ____________
ex) 안아주기</td><td>step 1.
ex) 가정예배를 시작하기 전에 서로 안아주기</td><td>ex) 다같이</td></tr>
<tr><td>step 2.
ex) 자녀가 읽어주는 어린이 성경</td><td>ex) 자녀1</td></tr>
<tr><td>step 3.
ex) 함께 읽은 성경 이야기를 그림으로 그려보기</td><td>ex) 다같이</td></tr>
<tr><td>step 4.
ex) 서로를 축복하는 마음으로 돌아가며 기도하기</td><td>ex) 다같이
(마무리 기도는 아빠)</td></tr>
<tr><td>step 5.
ex) 맛있는 간식 먹기</td><td>ex) 다같이(준비는 엄마)</td></tr>
<tr><td>step 6.</td><td></td></tr>
</table>

자녀 앞에서

1. 온 가족이 둘러앉아 함께 이야기를 나눠보세요.

"지난 주에 같이 드린 가정예배 기억나니? 어떤 점이 좋았어?
혹시 힘들거나 아쉬웠던 점이 있다면 무엇이니?"

"○○이는 그것이 아쉬웠구나.
그렇다면 아쉬웠던 점은 어떻게 보완할 수 있을까?"

"가정예배에 중요한 기본적인 재료가 있대. 바로 말씀, 기도, 찬송이야."

"말씀, 기도, 찬송 중에 우리 가정이
하나님을 기억할 수 있는 재료로는 무엇이 있을까?"

"주재료를 부각시켜줄 다양한 방법들이 있단다."
(다양한 예배의 형태를 자녀에게 설명해주세요.)

"그럼 이제 우리 가정예배의 레시피를 함께 만들어보자."

2. 자녀와 함께 나눈 이야기를 바탕으로 하여 우리 가정만의 가정예배 레시피를 만들어보세요.

※ 준비물: 부록 4, 자석 또는 테이프, 필기도구

1) 가족이 돌아가며 자신이 좋아하는 가정예배의 기본 재료(말씀, 기도, 찬송)가 무엇인지 이야기를 나누어보세요.
2) 기본 재료 중에서 우리 가정이 고른 가정예배의 재료(예. 말씀 카드: 시편 돌아가면서 읽기 등)를 부록 4 가정예배 카드에 적어주세요.
3) 맛있는 가정예배를 더욱 풍성하게 만들 특별 소스(예. 예배 후에 함께 안아주기 등)가 있다면, 함께 이야기를 나누고 부록 4 가정예배 카드에 적어주세요.
4) 선택한 재료와 특별 소스를 알맞게 배치해서 레시피 순서를 만들어주세요. 맛있는 가정예배 레시피 순서와 재료들은 상황에 맞게 언제든 바꿀 수 있습니다.
5) 순서가 정해지면, 가족 구성원 중 각 순서의 담당자를 정해보세요. 모든 구성원이 하나 이상의 순서를 맡아서 가정예배에 참여할 수 있도록 독려해주세요. 각 순서의 담당 역시 상황에 따라 자유롭게 바꿀 수 있습니다.
6) 레시피를 보고 함께 조율해야 할 것이 있는지 살펴보세요. 별지 〈우리 집 가정예배 한 눈에 보기〉를 붙인 후 레시피를 완성해 주세요.
7) 완성된 맛있는 가정예배 순서는 가족이 잘 볼 수 있는 곳(거실, 현관, 냉장고 등)에 붙여주세요.

3. 완성된 가정예배 레시피대로 온 가족이 예배드려보세요.

1) 가정예배 공간을 마련하고 예배 주머니(두 번째 걸음에 진행했던)를 준비해주세요.
2) 예배 주머니에 예배를 방해하는 물건을 넣고 한자리에 모이세요.
3) 가정예배 레시피대로 가정예배를 드려보세요.

다섯번째 걸음

끝나지 않은 맛있는 가정예배

끝나지 않은 맛있는 가정예배

지난 한 주 동안 맛있는 가정예배 레시피를 가지고 함께 하나님을 기억하는 시간을 가져보았나요? 김치찌개라는 똑같은 음식도 가정마다 레시피가 다른 것처럼 가정예배라는 일상의 예배도 가정마다 다양한 방식으로 기록될 수 있답니다.

이번 장에서는 우리 가정이 모두 맛있어하는 가정예배는 무엇인지 레시피를 점검하고 다시 써보는 시간을 가져보려고 합니다. 지난 주에 드렸던 맛있는 가정예배를 찬찬히 기억해보세요. 무엇보다 우리는 가정예배를 통해 우리 가정의 주인이 누구인지를 알게 되었습니다.

잃어버린 주인 찾기

만일 여호와를 섬기는 것이 너희에게 좋지 않게 보이거든 너희 조상들이 강 저쪽에서 섬기던 신들이든지 또는 너희가 거주하는 땅에 있는 아모리 족속의 신들이든지 너희가 섬길 자를 오늘 택하라 오직 나와 내 집은 여호와를 섬기겠노라 하니

수 24:15

이스라엘 백성들 앞에서 여호수아는 '나와 내 집은 여호와를 섬기겠다'라고 담대하게 선포합니다. 이것은 자신과 민족에 가장 우선되어야 할 것이 하나님임을 알고 그 우선순위를 놓치지 않겠다는 선포입니다.

우리도 많은 사람 앞에서 이런 선포를 했던 기억이 있습니다. 세례를 받았을 때를 떠올려보세요. 우리는 마음의 중심에 '내'가 아닌 '예수님'을 모시겠다 결심하며, 이제는 내 삶의 주인이 예수 그리스도이심을 많은 사람 앞에서 고백하고 그리스도인으로 선포함을 받았습니다.

맛있는 가정예배도 이와 같습니다. 우리 가정은 맛있는 가정예배를 드림으로써 분주한 일상 속에서 함께 멈추는 시간을 정하고, 하나님을 기억해야 할 공간에서 가정의 주인이 누구인지 다시 한 번 새기는 시간을 가집니다. 이렇게 하나님을 우리의 삶과 가정의 우선순위에 두는 시간을 만들어가는 것이 가정예배입니다.

맛있는 가정예배는 여호수아의 고백처럼 우리 가정의 가장 우선순위에 하나님을 두겠다는 결단이고 선포입니다. 맛있는 가정예배를 통해 우선순위를 회복하고, 잃어버린 주인을 찾기를 소망합니다.

맛있는 가정예배의 힘

맛있는 가정예배를 통해 우리는 우선순위를 회복하여 가정의 잃어버린 주인을 찾고자 노력하였습니다. 그런데 가정예배를 드리려고 하지만 막상 이것을 지속하기가 쉽지 않음을 느낍니다. 매번 성공과 실패를 왔다 갔다 하는 우리에게 말씀은 이렇게 격려합니다.

> 우리가 선을 행하되 낙심하지 말지니 포기하지 아니하면 때가 이르매 거두리라
>
> 갈 6:9

가정예배를 드릴 때 우리 생각대로 잘 될 때도 있고, 바빠서 혹은 다른 일들로 가정예배를 잊을 때도 있습니다. 아이들의 반응이 좋을 때도 있지만, 반응이 없어 힘들 때도 있습니다. 성공과 실패의 잣대로 가정예배를 드리는 것에 일희일비하지 마세요. 가장 중요한 것은 가정예배를 지속하는 것입니다. 꾸준한 운동을 통해 근력을 기르는 것이 중요하듯이, 예배도 꾸준히 지속하면서 가정예배의 근력을 기르는 것이 중요합니다.

가정예배를 드리다가 못 드리다를 반복하더라도 다시 마음먹고 시작하십시오. 말씀은 '선을 행하되 낙심하지 말라'고 권면하고 있습니다. 그러니 맛있는 가정예배를 지속하는 것을 포기하지 마세요.

자, 믿음의 여정을 함께하는 우리 가족을 서로 함께 바라봅시다. 그동안 좋은 일도 많이 있었고 힘든 일도 있었지요? 하나님께서 가족으로 우리를 묶어주셨으니, 함께 걸어갈 맛있는 가정예배의 여정 속에서 서로를 더 믿고 의지하며 사랑하길 소망합니다.

끝나지 않은 맛있는 가정예배

계속해서 말하지만 가정예배를 드리는 가정들이 가장 크게 대면하는 장애물 중 하나가 '지속성'입니다. 이 지속성은 유지하기 위해서는 함께 독려할 '공동체'가 필요합니다.

> 두 사람이 한 사람보다 나음은 그들이 수고함으로 좋은 상을 얻을 것임이라 혹시 그들이 넘어지면 하나가 그 동무를 붙들어 일으키려니와 홀로 있어 넘어지고 붙들어 일으킬 자가 없는 자에게는 화가 있으리라 또 두 사람이 함께 누우면 따뜻하거니와 한 사람이면 어찌 따뜻하랴 한 사람이면 패하겠거니와 두 사람이면 맞설 수 있나니 세 겹 줄은 쉽게 끊어지지 아니하느니라
>
> 전 4:9-12

공동체가 함께하면 서로가 넘어질 때 일으켜주고, 외롭지 않게 따뜻한 품으로 안아주고, 어려움에 맞설 수 있습니다. 따라서 맛있는 가정예배를 드리는 몇몇 가정이 함께 모여 각자의 가정

예배 에피소드를 나누고, 서로 격려하고 응원해야 합니다. 공동체가 정기적으로 모여 기도하고 서로의 이야기를 나누는 것만으로도 맛있는 가정예배를 지속할 수 있는 근력이 생깁니다.

이렇게 여러 번 맛있는 가정예배를 드리고 시행착오를 겪으면서 또 하나 주의해야 할 점이 있는데, 바로 우리 가정에 적합한 가정예배의 모습을 찾는 것입니다. 그러기 위해서는 온 가족이 모여 각자가 아쉽거나 부족하다고 생각한 것을 함께 이야기하고 나누며 그 점들을 보완하고 가정예배 레시피를 다시 쓰는 작업이 필요합니다.

맛있는 가정예배 레시피로 가정예배를 몇 차례 드렸다면 자녀와 함께 다시 한 번 가정예배 레시피를 점검해 보는 시간을 가지세요. 새로운 형식으로 레시피를 작성해야 한다는 부담을 버리고 우리 가정에 적합한 레시피를 찾는 것이 필요합니다. 어떠한 형식이든 편안하고 지속할 수 있다면 그것이 최고의 레시피입니다.

아래의 그림과 같이 가정예배를 드리고, 예배를 드리는 공동체 구성원이 모여 서로의 삶을 격려하여 가정예배를 지속할 수 있도록 돕고, 레시피를 다듬은 후 다시 가정예배를 드리는 삶이 반복되어야 합니다.

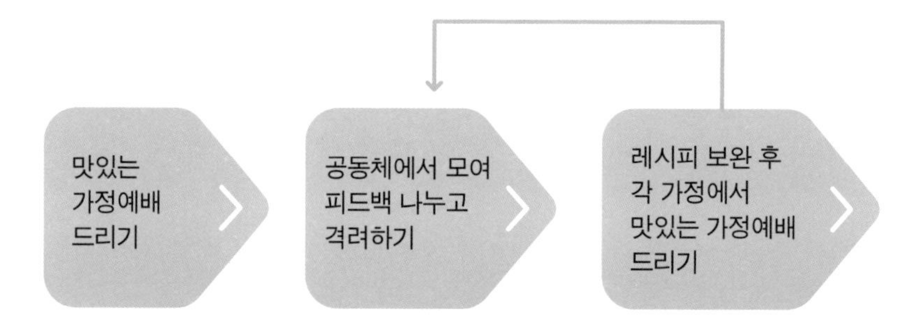

이 사이클의 반복은 어느새 우리 가정 안에 '가정예배 근력'을 만들고, 일상이 곧 예배가 되는 삶이 되게 할 것입니다. 책을 덮어도 우리 가정의 맛있는 가정예배는 끝나지 않고 계속되어야 합니다. 이제 그 시작점에 다시 선 이 땅의 모든 가정을 응원합니다.

주님 앞에서

1. '끝나지 않은 맛있는 가정예배'를 읽으며 중심이 되는 단어를 세 가지 써보세요. 그리고 새롭게 깨달은 점이 있다면 나눠보세요.

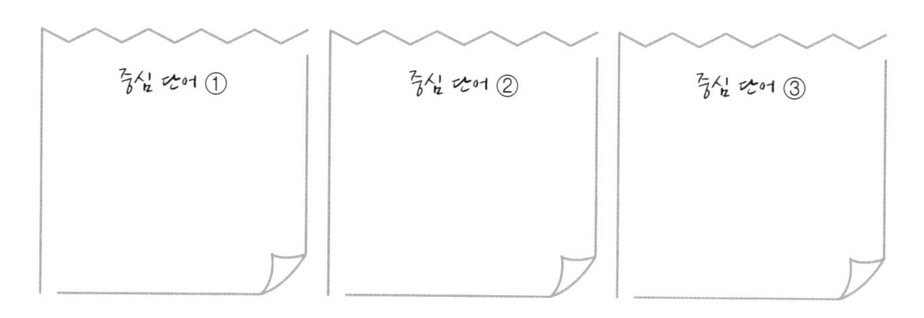

2. 맛있는 가정예배를 지속하기 위해서는 공동체가 필요합니다. 공동체는 가정예배를 드리고자 하는 우리에게 어떤 유익을 주나요? 전도서 4장 9-12절 말씀을 읽고 세 가지 유익을 찾아보세요.

3. 맛있는 가정예배를 함께 점검하고 지속하도록 지지하는 공동체가 존재하나요? 함께 맛있는 가정예배를 격려하고 피드백을 나눌 몇 가정을 찾아보세요.

가정 이름	함께하고 싶은 이유

우리 삶 앞에서

1. 네 번째 걸음에서 '우리 가정만의 레시피'를 만들어 가정예배를 드려보았습니다. 누구와 언제, 어디서, 어떤 레시피로 드렸는지 함께 이야기를 나눠보세요.

2. 맛있는 가정예배를 드리며 어떤 점이 좋았고, 어떤 점이 어렵고 힘들었는지 함께 나누어보세요.

1) 맛있는 가정예배, 이게 참 좋았어요.

2) 맛있는 가정예배, 이건 힘들었어요.

자녀 앞에서

1. 우리 가족 모두가 생각하는 '지난 주에 드렸던 맛있는 가정예배에서 아쉬웠던 점'을 아래에 적어보세요. 그리고 그것을 어떻게 보완할지 함께 나누어보세요.

아쉬운 점	이렇게 해결해요
ex) 시간에 쫓겨 가족의 삶을 나누지 못하는 게 아쉬웠어요.	ex) 그렇다면 예배 마치는 시간을 정하거나 주기도문으로 마치기보다는 '삶 나눔'에 초점을 맞춘 가정예배를 드려보는 것은 어떨까?
1)	
2)	

2. 아쉬운 점들을 잘 보완해서 자녀와 함께 가정예배 레시피를 수정해보세요. 어떤 형식이든 가족 구성원이 편안하게 느끼고 지속할 수 있는 예배가 가장 좋은 가정예배 레시피입니다.

1) 가정예배의 시작을 알리는 신호는 어떻게 하면 좋을까요?

2) 말씀, 기도, 찬송의 세 가지 기본 재료 중 더 부각하고 싶은 게 있나요?

3) 자녀와 함께 나눈 이야기를 참고해서 가정예배 레시피를 보완해보세요.

[재료 선정하기]	[레시피 순서]	[담당 가족]
1. 기본 재료 • **말씀**	**step 1.**	
• **기도**	**step 2.**	
• **찬송**	**step 3.**	
2. 특별 소스 • ____________	**step 4.**	
• ____________	**step 5.**	
• ____________	**step 6.**	

3. 다시 쓴 맛있는 가정예배 레시피로 가정예배를 지속해보세요. 그리고 맛있는 가정예배 공동체를 구성하여, 각 가정의 예배 이야기를 나눠보세요. 공동체가 맛있는 가정예배를 지속하게 하는 힘이 될 것입니다.

맛있는 가정예배 공동체 만들기

1) 『맛있는 가정예배』를 구입하여, 처음부터 함께 시작하려는 3~4가정을 모아보세요.

2) 한 주에 한 챕터씩 책을 읽고, 공동체와 나눠보세요.

3) 각 가정의 이야기를 경청하고, 격려하고, 좋은 아이디어가 생각나면 제안해주세요.

4) SNS, 단체채팅방을 통해서 맛있는 가정예배의 순간순간을 남기고 나누어도 좋아요.

5) 『맛있는 가정예배』의 모든 과정을 마쳐도 공동체는 꾸준히 2주 또는 한 달에 한 번 만남을 가지면서 각 가정에서 맛있는 가정예배가 지속되도록 서로 힘이 되어주세요.

6) 기회가 되면 공동체가 함께 여행을 떠나 친목을 다지고, 서로의 가정예배의 팁을 나누어도 좋습니다.

가정예배 관련 참고 도서 및 자료

153가정예배, 지소영, 두란노(2020)
핵심 키워드 #가정예배세우기 #가정예배요소 #가족관계

1세기 교회 예배 이야기, 로버트 뱅크스, IVP(2017)
#1세기가정예배 #역사속가정예배모습

52주 가정예배 1·2·3, 주경훈, 꿈이있는미래(2018~2020)
#가정예배순서지 #가정예배자료 #52주가정예배

가정예배, 한재술, 그책의사람들(2013)
#가정예배입문 #가정예배준비 #가정예배사례

가정예배 건축학, 신형섭, 장로회신학대학교출판부(2017)
#가정예배 유형 #연령별가정예배 #가정예배세우기

가정예배, 어떻게 할 것인가?, 유해무 외 6인, 생명의 양식(2018)
#가정예배역사 #가정예배방법 #가정예배예시

가정예배는 복의 근원입니다, 제임스 W. 알렉산더, 미션월드라이브러리(2003)
#가정예배입문 #가정예배영향력

교리와 함께하는 365 가정예배, 임경근, 세움북스(2014)
#교리가정예배 #365가정예배 #하이델베르크가정예배

그림책으로 드리는 가정예배, 백흥영·박현경, 토기장이(2020)
#그림책가정예배 #미취학가정예배 #절기별가정예배

레디 액션! 드라마 가정예배, 곽상학·노연정, 생명의말씀사(2021)
#드라마가정예배 #역할극 #참여형가정예배

로마서와 함께하는 365 가정예배, 김태희, 세움북스(2020)
#가정예배유익 #365가정예배 #로마서가정예배

가정예배를 회복하라, 매튜 헨리, 미션월드라이브러리(2015)
#성경적가정관 #가정교회의미 #가정예배기초

보석비빔밥 가정예배, 백흥영·최지혜, 주니어아가페(2013)
#미취학어린이 #즐거운가정예배 #놀이와활동 #가정예배예시

시끌벅적 소요리문답 가정예배, 김태희, 디다스코(2016)
#교리활용가정예배 #매일매일가정예배 #가정예배예시

알콩달콩 소요리문답 가정예배, 이주연, 디다스코(2021)
#유아를위한 #교리활용가정예배 #신앙기초세우기

엄마, 아빠! 가정예배 안 드려요?, 이선영·백흥영, 예키즈(2015)
#미취학가정예배 #가정예배에세이 #주제별가정예배

오늘부터, 가정예배, 도널드 휘트니, 복있는사람(2017)
#가정예배역사 #가정예배요소 #쉬운가정예배

온가족이 함께 하는 3분 예배, 제니스 톰슨, 생명의말씀사(2016)
#가족성경묵상 #묵상기도문

3분 예배: 교리편, 장상태, 생명의말씀사(2019)
#교리가정예배 #설명식가정예배

3분 예배: 구약성경편, 장상태, 생명의말씀사(2020)
#설교중심가정예배 #가정예배구약편

우리 가족 성경 탐험, 데이비드 머리, 두란노(2021)
#그림가정예배 #성경전체가정예배 #52주가정예배

지저스 콜링 우리집 가정예배, 사라 영, 생명의 말씀사(2019)
#묵상100편 #가정예배 #가정예배말씀묵상

콕 집어 알려주는 가정예배 가이드, 임경근, 생명의말씀사(2020)
#가정예배역사 #가정예배사전 #가정예배세우기

예수님과 동행하는 매일 가정예배, 박지훈, 규장(2021)
#성경전체묵상 #365일가정예배 #가정예배순서

아무리 바빠도 가정예배, 백은실, 규장(2021)
#가정예배방법 #가정예배간증 #가정예배이론

어린이와 함께하는 그림책 가정예배, 백흥영,박현경, 토기장이(2022)
#52주가정예배 #그림책가정예배 #미취학가정예배

가정예배카드(제조사: 디자인연) https://smartstore.naver.com/dicebakery/

부록은 A4 용지로 출력할 수 있습니다.

〈부록 1〉 맛있는 가정예배 꿈꾸기

하나님이 주인된 우리 가정

가족사진을 붙여주세요

가정예배를 통해

우리 가정이

되길 기도합니다.

년 월 일

부록은 A4 용지로 출력할 수 있습니다.

〈부록 2〉 감사 제목을 나누는 맛있는 가정예배

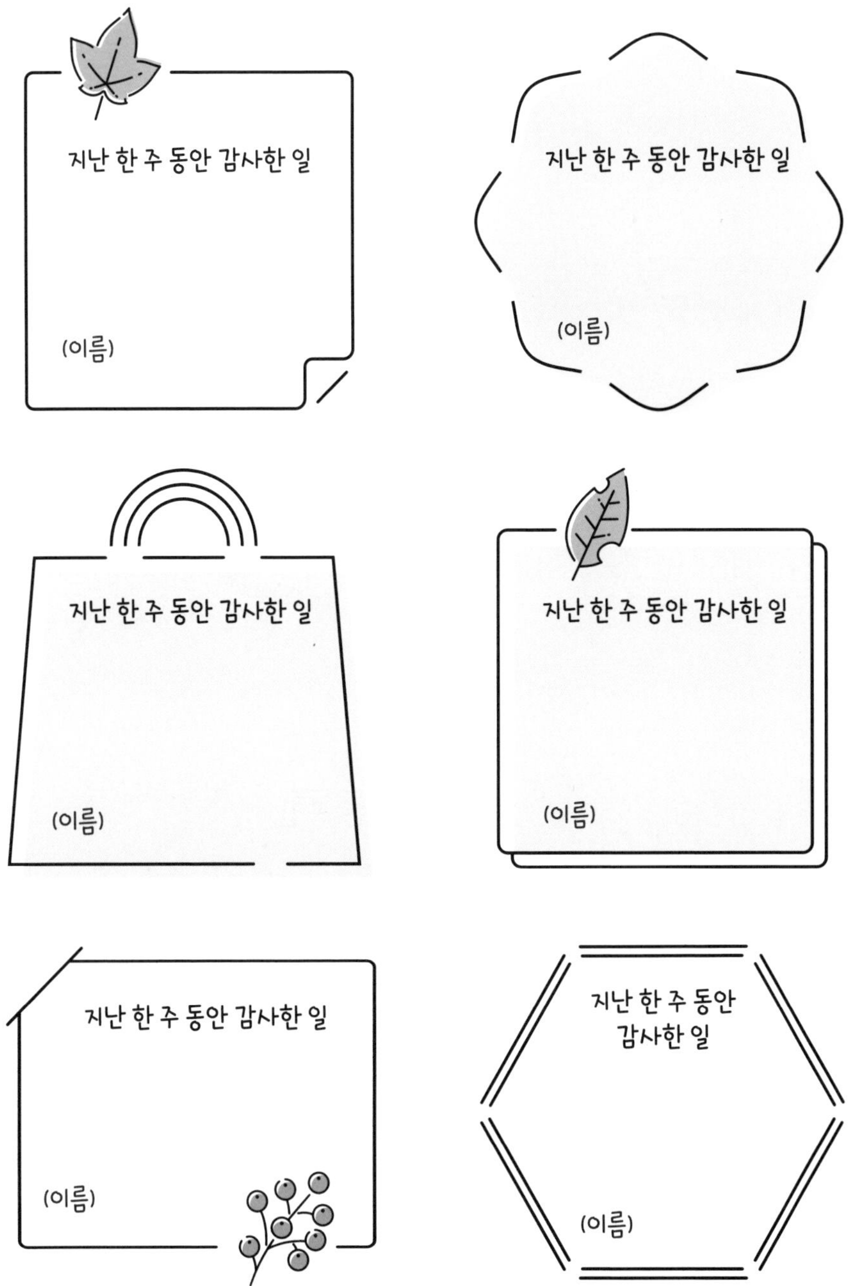

부록은 A4 용지로 출력할 수 있습니다.

〈부록 3〉 맛있는 가정예배 시간과 공간 정하기

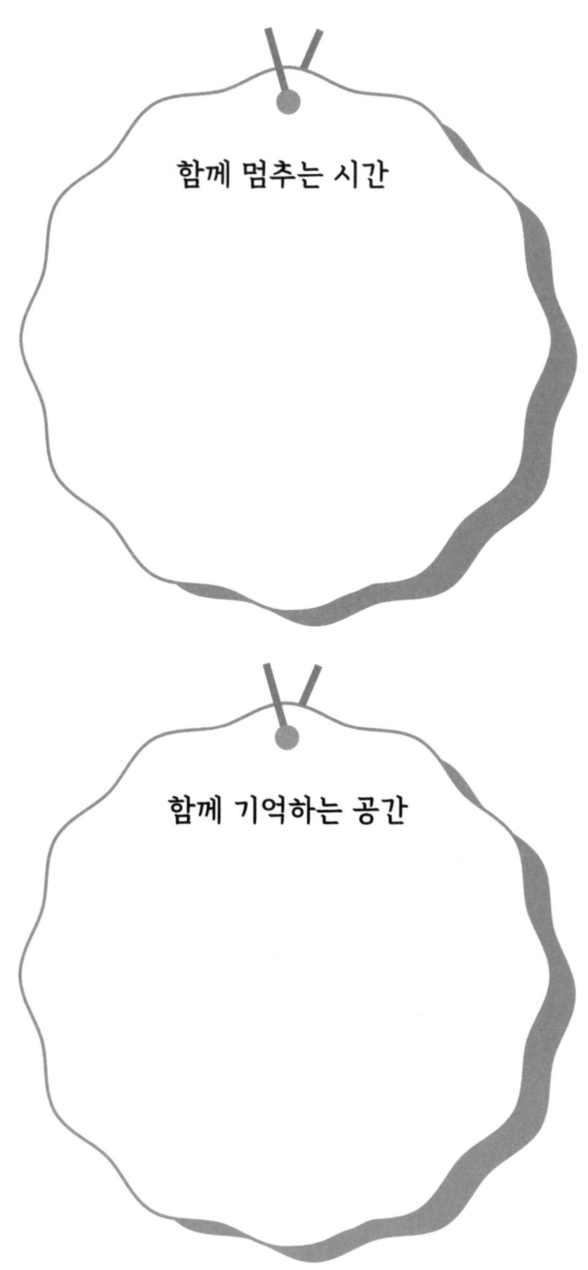

부록은 A4 용지로 출력할 수 있습니다.

〈부록 4〉 맛있는 가정예배 카드

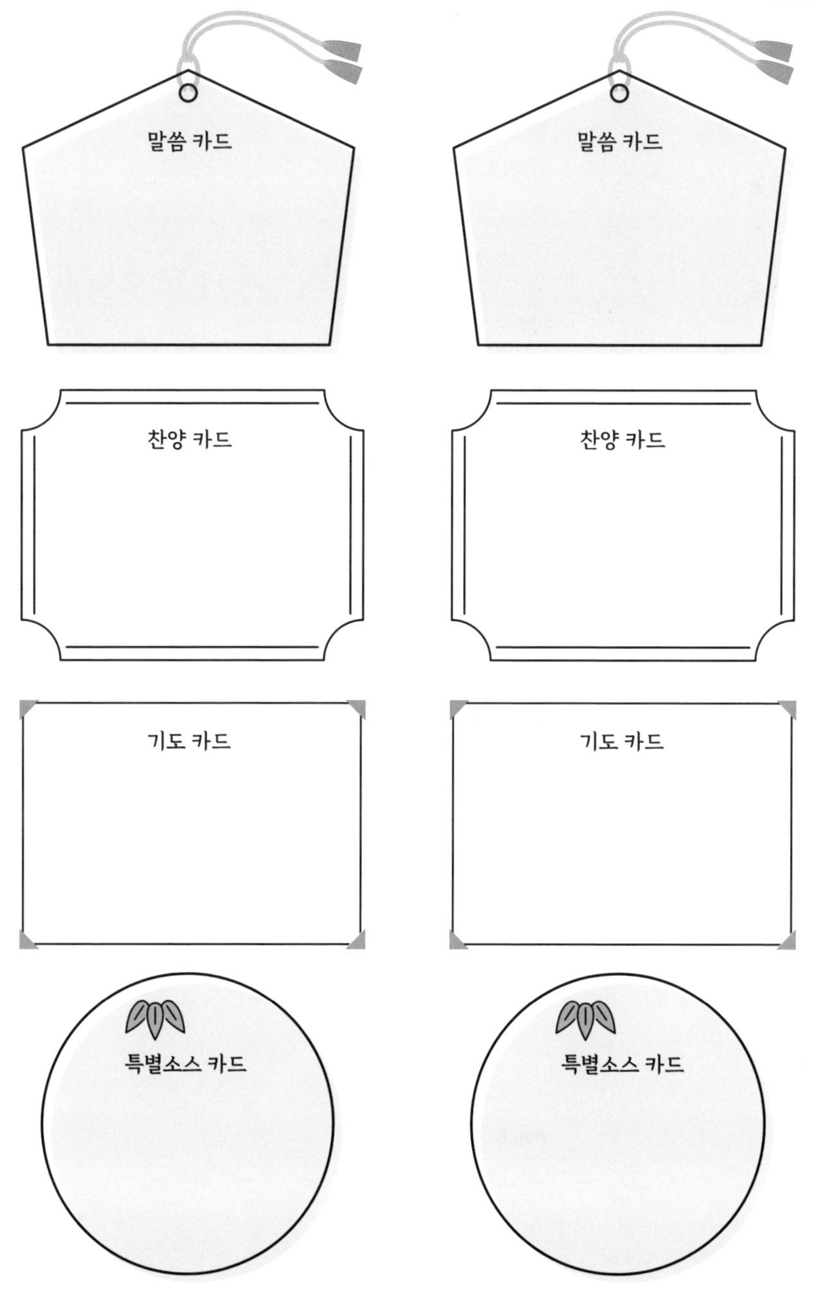

〈부록 5〉 맛있는 가정예배 레시피

[재료 선정하기]	[레시피 순서]	[담당 가족]
1. 기본 재료 • **말씀**	step 1.	
• **기도**	step 2.	
• **찬송**	step 3.	
2. 특별 소스 • ________	step 4.	
• ________	step 5.	
• ________	step 6.	

별지는 A3 용지로 출력할 수 있습니다.

〈별지〉

우리 집 맛있는 가정예배 한 눈에 보기

맛있는 **가정예배**

1판 1쇄 펴낸 날 2022년 4월 15일

기　획 기독교학교교육연구소
지은이 도혜연, 이지혜, 김봉수
펴낸이 박상진
책임편집 도혜연
펴낸 곳 쉼이있는 교육
출판사 등록번호 제2020-000015호
(04969) 서울특별시 광진구 아차산로78길 44 크레스코빌딩 308호
02-6458-3456, edu4rest@daum.net
디자인 디자인집 02-521-1474

ISBN 979-11-969691-8-9
값 8,000원